KB185943

나를 잘되게
하는 말

나를 망치게
하는 말

나를 잘되게 하는 말
나를 망치게 하는 말

초판 1쇄 인쇄 2025년 1월 05일
초판 1쇄 발행 2025년 1월 10일

지은이 | 김옥림
펴낸이 | 임종관
펴낸곳 | 미래북
편   집 | 정윤아
본문 디자인 | 디자인 [연:우]
등록 | 제 302-2003-000026호
주소 | 경기도 고양시 덕양구 삼원로73 고양원흥 한일 윈스타 1405호
전화 031)964-1227(대) | 팩스 031)964-1228
이메일 miraebook@hotmail.com

ISBN 979-11-92073-67-5   (03320)

나를 잘되게
하는 말
나를 망치게
하는 말

하루하루 품위 있는 삶을 위한 최소한의 말 공부

김옥림 지음

MIRAE
BOOK

모든 인생은
한마디의 말에 결정된다

구시화문口是禍問이라는 말이 있다. 《전당서全唐書》 〈설시편舌詩篇〉에 나오는 고사성어로 '입은 재앙의 문'이라는 뜻이다. 그러니까 세상사와 인생사의 모든 화禍는 입에서 나옴을 뜻한다. 이를 잘 알게 하는 것이 입으로 역사가 흥하고 입으로 역사가 망하는 것이다. 한마디로 말의 역사라고 해도 과언이 아니다. 이것이 어찌 역사뿐이겠는가. 인생사에 있어서도 마찬가지이다.

한마디 말은 사람을 영웅이 되게도 하고 패역한 졸장부가 되게도 한다. 또한 한마디 말은 세계를 뒤흔들 만큼 힘이 세다. 말은 어떻게 하느냐에 따라 구원의 빛이 되기도 하고, 멸망의 구렁텅이로 끌어 내리는 화근이 되기도 한다.

한마디의 말에 인생의 모든 것이 달려있다고 해도 지나침이 없다. 그런데 이를 망각하고 말을 함부로 함으로써 자신의 삶을 송두리째 날려버리는 사람들로 요즘 우리 사회가 연일 시끌벅적하다.

무심코 던진 말 한마디에 정치인들이 우르르 추풍낙엽 지듯이 정치판에서 퇴출을 당하고, 농담처럼 한 말로 평생을 쌓아 올린 공든 인생이 와르르 무너져 내리는 공직자들, 함부로 말하고 갑질하다 여론의 질타를 받으며 차가운 감방에 갇혀 자신이 한 말로 혹독한 대가를 치르는 사람들로 가득하다.

말은 입에서 나오는 순간 날개를 달고 여기저기로 날아간다. 입에서 나오는 순간 말은 더 이상 말로 머물지 않는다는 말이다. 좋은 말은 하는 사람에게도 듣는 사람에게도 기분 좋은 에너지를 주지만, 나쁜 말은 하는 사람에게도 상대에게도 혹은 듣는 이들을 분노하게 하고 기분을 망치게 한다. 한마디의 말을 신중하게 하고 조심해서 해야 하는 이유가 여기에 있는 것이다. 그렇다면 어떻게 말을 해야 뒤탈이 없을까.

삼사일언三思一言, 즉 '한 번 말할 땐 세 번 생각하고 말하라'는 뜻으로 말을 할 땐 신중히 해야 함을 의미한다. 이 말이 주는 의미처럼 말을 하기 전에 자신이 이 말을 하면 상대는 어떻게 생각할까, 하고 거듭 헤아려 보고 하면 그만큼 말실수를 줄일 수 있어 말로 인한 화를 최소화할 수 있고 나아가 막을 수 있다.

그러면 남의 말은 어떻게 받아들여야 할까. 이에 대해 《탈무드》는 다음과 같이 말한다.

"인간의 입은 하나 귀는 둘이다. 이것은 듣기를 배로 하려고 하는 것이다."

그렇다. 자신이 말할 땐 각별히 조심해서 하고, 상대의 말은 진중하게 들어주어야 한다. 그래야 말로 인한 화를 피할 수 있으며 상대에게 좋은 이미지를 심어줄 수 있다. 남의 말을 잘 들어주는 것 또한 말을 잘하는 것이기 때문이다.

칼을 함부로 쓰는 자는 칼로 망하고, 총을 함부로 쏘는 자는 총으로 망한다. 말 또한 예외가 없다. 말을 함부로 하는 자는 말로 망하는 법이다.

이 책에는 함부로 막말을 일삼고 행동하다 공든 인생을 하루아침에 무너뜨리게 한 이야기, 무심코 한 말이 얼마나 큰 위험성을 안고 있는지에 대한 이야기, 같은 말도 상황에 따라 달리해야 한다는 것에 대한 이야기, 자신의 잘못된 말버릇을 고침으로써 자신을 성공적인 인물이 되게 한 이야기, 부정적인 말에 얽매여 부정적인 삶을 사는 이들에게 긍정적인 말을 통해 희망을 갖게 해준 이야기 등 동서고금을 막론하고 왜 말을 조심해서 하는지에 대한 다양한 이야기들이 역동적이고 재미있는 일화와 더불어 흥미롭게 구성되어 있다. 바쁜 시간 중에도 틈틈이 짬을 내어 한 꼭지씩 읽기 편하도록 했다. 그냥 읽기만 해도 말을 어떻게 하는 것이 바람직한지를 알 수 있고 곧바로 실천으로 옮길 수 있다.

지하철을 타서 읽어도 좋고, 친구를 기다리는 동안 읽어도 좋고, 차를 마시면서 읽어도 좋고, 여행 중에 읽어도 좋고, 잠자기 전에 읽어도 좋고, 점심을 먹고 남은 시간에 읽어도 좋고, 장소와 시간에 구애받지 않고 손에 들고 다니면서 읽기 좋도록 했다.

이 책이 독자들의 인생에 살이 되고, 피가 되어 삶을 윤택하게 하는 데 작은 보탬이 될 수 있다면 이 책을 쓴 저자로서 크게 행복할 것이다. 독자 여러분 모두의 인생길이 활짝 열리기를 기원한다.

김옥림

목차

CHAPTER 1

한 사람의 인생을
송두리째 바꾼 말의 힘

CHAPTER 2

당신의 입에서 나온
첫마디가 첫인상을 결정한다

CHAPTER 3

입 밖으로 나오는 순간
말은 엄청난 힘을 갖는다

CHAPTER 4

시련을 극복하려면
당신의 말부터 바꿔야 한다

CHAPTER 5

세 치 혀로 위세를 부리다
그 혀에 눌려 인생을 끝내다

부록

"

한 사람의 인생을
송두리째 바꾼 말의 힘

"

01

순간의 무례함으로
사랑하는 사람을 잃다

며칠 전, 저희 집을 향해 오다 당신이 어떤 여자와 부딪친 것을 보았습니다.
그때, 당신은 여자를 일으켜 세워 사과를 했어야 했습니다.
그런데 당신은 사과는커녕 도리어 화를 내고
아무렇지도 않게 저희 집으로 왔습니다.
저는 당신의 이런 말과 행동을 도저히 이해할 수가 없습니다.
이제 당신에 대한 믿음이 사라져 더는 인연을 맺고 싶지 않군요.
부디 좋은 여자와 만나 행복하시기를 바랍니다.

찰스 램의 여자친구

주위를 보면 사람들에게 함부로 구는 이들을 종종 보게 된다. 그런 사람들은 버릇없이 행동하고 함부로 말하는데, 곁에서 지켜 보는 것만으로도 화가 나 한 대 패주고 싶은 마음이 들고는 한다.

함부로 구는 사람들은 타인에 대한 배려가 부족하다. 지극히 자기중심적이다. 모든 것을 자기 위주로 생각한다. 그러다 보니 타인과 다툼이 잦고, 비난을 면치 못한다. 사랑하는 사람조차 외면한다. 그런 사람을 사랑해 봤자 상처 입을 것이 불 보듯 빤하기 때문이다. 이처럼 함부로 말하고 행동하는 것은 스스로를 무너뜨리는 어두운 장막과도 같다.

다음은 영국의 수필가 찰스 램이 청년 시절에 겪었던 일화이다.

찰스 램에게는 사랑하는 여자가 있었는데, 생각만 해도 너무 행복할 정도로 그녀를 사랑했다. 그러다 보니 머릿속에는 온통 그녀에 관한 생각으로 가득 차 있었다. 결국, 이대로 지내는 것은 시간 낭비라고 생각해 그는 하루라도 빨리 결혼해서 행복한 가정을 꾸리기로 결심한다.

그러던 어느 날, 청혼하기로 마음먹고 여자의 집을 향해 가고 있을 때였다. 하늘을 나는 듯한 기분에 사로잡혀 그는 모든 것이 다 아름다워 보였다. 들뜬 마음으로 길을 가다 보니 어느새 여자가 살고 있는 동네에 이르게 되었다. 그때였다. 두근대는 가슴으로 골목길을 급히 걸어가다 그만 어떤 여자와 부딪치고 말았다. 그는 버럭 화를 내며 말했다.

"아니, 눈을 어디다 두고 걷는 겁니까? 똑바로 좀 보고 다니세요!"

그는 아파서 어쩔 줄 몰라 하는 여자를 향해 소리쳤다. 사과를 하는 것이 도리였지만, 사랑하는 여자를 만난다는 생각에 들떠 함부로 말하고 말았다. 하지만 안타깝게도 그 모습을 사랑하는 여자가 창문을 통해 지켜보고 있었다.

"오, 이럴 수가! 이건 있을 수 없는 일이야."

여자는 그의 무례한 행동에 놀라며 크게 실망했다. 그는 여자가 자신을 지켜보고 있다는 것도 모르고 여자의 집 앞에 도착해 초인종을 눌렀다. 잠시 후 문이 열리고 밖으로 나온 여자는 그 집 하인이었다.

"아가씨께서 만나고 싶지 않으니 그만 돌아가시랍니다."

"아니 왜요? 무슨 일이 있나요?"

그는 의아하다는 얼굴로 물었다.

"아니요. 그저 만나고 싶지 않으시답니다."

하인의 말에 찰스 램은 큰 충격을 받고 만다. 당연히 그녀가 나와서 반겨 줄 줄 알았는데 그냥 돌아가라니, 도무지 이해할 수가 없었다. 그는 아쉬운 발길을 돌려 집으로 돌아왔지만, 아무리 생각해도 자신을 반겨 맞아 주지 않은 이유를 알 수 없어 그녀에게 편지를 써서 보냈다.

며칠 후, 답장을 받았는데 거기에는 다음과 같이 쓰여 있었다.

'제가 어째서 이러는지 그 이유에 대해 말씀드립니다. 며칠 전, 저희 집을 향해 오다 당신이 어떤 여자와 부딪친 것을 보았습니다. 그때, 당신은 여자를 일으켜 세워 사과를 했어야 했습니다. 그런데 당신은 사과는커녕 도리어 화를 내고 아무렇지도 않게 저희 집으로 왔습니다. 저는 당신의 이런 말과 행동을 도저히 이해할 수가 없습니다. 이제 당신에 대한 믿음이 사라져 더는 인

연을 맺고 싶지 않군요. 부디 좋은 여자와 만나 행복하시기를 바랍니다.'

여자의 편지를 읽고 찰스 램은 자신의 어리석음을 깊이 반성하고, 이후로는 누구에게든지 친절을 베풀며 공손하게 말하고 행동하게 되었다.

친절한 말과 행동은 누구나 할 수 있지만, 아무나 할 수 없는 일이다. 그렇다면 간단하다. 자신을 스쳐 가는 주변 사람들에게만이라도 친절을 베풀어 보자.

마음에 새기면 좋을 인생 포인트

함부로 구는 사람은 누구도 좋아하지 않는다. 아무리 사랑하는 사람이라고 해도 자신의 남자 혹은 여자가 함부로 구는 것을 좋아할 리 없다. 그것은 매우 상식적인 일이기 때문이다. 사랑하는 사람과 헤어지고 싶지 않다면 언제나 매너를 갖춰 말하고 행동하라.

위기에 처한 사람을 구한
말 한마디의 기적

인도에서 나와 같이 한 달만 일하고 나서
자살하는 것은 어떨까요?

마더 테레사

사람을 위기로부터 구한다는 것은 참으로 값지고 보람 있는 일이다. 특히, 자살을 결심한 사람을 죽음으로부터 구하는 것은 소중한 목숨을 살리는 일인 만큼 매우 귀중하다.

죽음을 결심한 사람들에게는 몇 가지 공통점이 있다. 첫째, 자신이 처한 상황을 극복할 수 없다고 믿는다. 둘째, 부정적인 생각에 사로잡혀 있다. 셋째, 자신을 두고 살아 있을 가치가 없다고 인식한다. 넷째, 죽음만이 자신이 처한 문제를 해결하는 유일한 방법이라고 믿는다.

다음은 죽음의 사슬에 묶여 고통스러워하다가 따뜻한 손길을 통해 구원받은 이의 이야기이다.

미국에서 있었던 일이다. 절망에 빠져 죽음만을 기다리며 하루하루를 사는 여자가 있었다. 여자는 먹는 것도, 노래를 듣는 것도, 좋은 옷도, 멋진 집도, 반짝반짝 빛나는 보석도 부럽지 않았다. 그저 어떻게 하면 죽을 수 있을지만 생각했다. 자신을 둘러싼 모든 것은 전부 불필요했으며 무의미했다. 그녀는 극심한 상실감으로 인해 삶으로부터 완전히 멀어져 있었다. 그러던 어느 날이었다. 구원의 성녀 마더 테레사가 미국을 방문했다는 소식을 듣고 수녀를 찾아갔다.

"수녀님, 저는 죽음을 결심했습니다. 더는 살아갈 자신이 없습니다."

그녀의 말을 듣고 테레사 수녀가 말했다.

"저런…… 왜 그런 결심을 하게 되었나요?"

"사는 게 너무 지겨워요. 하루하루가 고통스러워 견딜 수가 없어요."

그녀는 눈물을 흘리며 말했다. 연민 가득한 눈으로 바라보던 테레사 수녀가 그녀의 손을 잡고 말했다.

"그랬군요. 그렇다면 자살하기 전에 한 가지만 부탁해도 될까요?"

"무엇을요?"

그녀는 테레사 수녀의 말에 힘 없이 말했다.

"인도에서 나와 같이 한 달만 일하고 나서 자살하는 것은 어떨까요?"

테레사 수녀의 말에 그녀는 무언가를 결심한 듯 말했다.

"그렇게 할게요, 수녀님."

"고마워요. 내 부탁을 들어줘서."

이후, 그녀는 테레사 수녀와 함께 인도로 갔다. 그곳에는 앞을 보지 못하는 사람들, 걷지 못하는 사람들, 기아와 질병으로 고통받는 사람들로 가득했다. 마치 고통을 등에 짊어지고 사는 사람들 같았다.

'세상에 이런 곳이 있다니. 저 불쌍한 사람들은 누군가의 도움 없이는 살아갈 수 없겠구나.'

이렇게 생각한 그녀는 발 벗고 나서서 그들을 돌보는 일에 열정을 다했다. 그러던 중 신기한 일이 벌어졌다. 이른 아침부터 밤늦게까지 앉아서 쉴 틈도 없이 일했지만, 조금도 피곤하지 않았다. 자신의 도움을 받은 이들이 고맙다고 할 때는 오히려 마음 깊은 곳에서 기쁨과 희망이 새록새록 피어났다. 시간이 흐를수록 그녀의 가슴은 삶에 대한 희망으로 가득 차올랐다.

'나는 살 가치가 없어.'

'이 세상은 나에게 고통 그 자체야.'

'하루라도 빨리 죽는 것이 내 소원이야.'

이런 말을 달고 다니던 그녀가 이제는 '오늘은 참 보람된 하루였어', '내가 누군가에게 도움을 줄 수 있다니 이건 기적이야',

'나는 정말이지 행복해'라고 말하게 되었다. 그녀는 하루하루가 감사하고 행복했다.

"오늘로써 이곳에 온 지도 한 달이 되었군요. 지금도 자살하고 싶은가요?"

테레사 수녀가 빙그레 웃으며 그녀에게 물었다.

"아니요. 전 살고 싶어요. 이곳에서 제가 살아야 할 이유를 발견했거든요."

그녀는 이렇게 말하며 기쁨의 눈물을 흘렸다.

"잘 생각했어요. 죽는 것은 문제의 해결이 아니랍니다. 오히려 최악으로 가는 길이지요. 그렇게 말해줘서 고마워요."

테레사 수녀는 그녀의 두 손을 꼭 잡고 기도해 주었고, 이후에도 그녀는 테레사 수녀를 도우며 즐겁게 지냈다.

고통스러운 삶에서 벗어나기 위해 죽음을 결심한 여자는 테레사 수녀를 만남으로써 고통에서 벗어나 새 삶을 찾게 되었다. 죽음으로는 자신의 고통을 해결할 수 없음을 깨달은 것이다. 그녀는 가난하고 질병으로 고통받는 이들을 도우며 자신도 누군가에게 필요한 존재임을 깨닫고 잃어버린 기쁨과 행복을 되찾았다.

고통의 지배를 받으면 부정적인 말만 하게 되지만, 희망의 지배를 받으면 긍정적인 말과 더불어 행복한 삶을 살게 된다. 이때, 고통에서 벗어나는 길은 간단하다. 아무리 힘들어도 자신을 고통에서 해방시켜 줄 수 있는 희망의 길에 서면 된다.

고통은 누구에게나 찾아오는 인생의 반갑지 않은 손님이다.
이때, 고통을 아무렇지 않게 받아들이고 극복해 가는 사람이 있는가
하면 절망하고 좌절하는 이도 있다.
이는 의지와 신념의 차이에서 온다. 자신을 의지와 신념으로 가득 채
워라. 그러면 어떤 고통도 기쁨으로 바꿀 수 있다.

입버릇처럼 하는 말은
언젠가 현실이 된다

아버지, 돈이 꼭 필요하니까 달라고 하는 거지요.
당장 돈을 주지 않으시면 저는 죽어버릴지도 몰라요.

레온 촐 고츠

말이 씨가 된다는 말이 있다. 자신이 한 말이 씨가 되어 뿌리를 내린다는 것은 자신이 말한 대로 이루어진다는 뜻이다. 우리가 흔히 하는 말로 입버릇이라는 말과 비슷한 어감이다. 좋은 입버릇은 자신을 행복하게 하지만, 나쁜 입버릇은 화를 자초하는 아주 고약한 습관이다.

사람들이 겪는 화 중에 설화舌禍는 가장 보편적인 화로써 입을 함부로 놀려 생긴다. 입이 가벼운 사람들이 설화를 많이 겪는 것은 진중하지 못해서다. 입이 무거운 사람은 어떤 경우에도 설화를 겪지 않는다. 입단속을 잘하기 때문이다.

입은 축복의 문이 되기도 하지만, 죄악의 문이 되기도 한다.

축복의 문이 되느냐 죄악의 문이 되느냐는 온전히 자신에게 달려 있다.

미국에서 있었던 일이다. 한 아이가 아버지에게 용돈을 타내기 위해 잔머리를 굴렸다. 아버지는 아이의 말대로 돈을 줄 때도 있었지만, 주지 않을 때도 있었다.

"너는 어디다 돈을 쓰기에 툭하면 달라고 하느냐. 돈은 아껴서 써야지 함부로 쓰다가는 나중에 거지가 된다."

그러면 아이는 아버지의 말에 이렇게 대꾸했다.

"아버지, 돈이 꼭 필요하니까 달라고 하는 거지요. 당장 돈을 주지 않으시면 저는 죽어버릴지도 몰라요."

"아니, 이 녀석이 못 하는 말이 없어. 그런 말하면 못써!"

아버지는 목숨을 끊겠다고 하자 말로는 강하게 하면서도 혹시나 아들이 잘못될까 봐 돈을 쥐여 주었다. 그러자 아이는 툭하면 목숨을 끊겠다고 말하며 으름장을 놓았다. 아이에게 자살은 용돈을 타내기 위한 고약한 수단이었다.

아이는 자라서 어른이 되었고 사랑하는 여자와 만나 결혼했는데, 아내가 아이를 낳다가 그만 죽고 말았다. 그는 아내의 죽음으로 인해 큰 충격을 받았다. 혼자서는 아이를 키울 자신이 없었다. 고민에 사로잡힌 그는 자신을 괴롭혔다.

"이렇게 살 바에는 차라리 죽는 게 낫지."

그러던 어느 날, 정말 그는 자신의 머리에 총구를 겨누고 방아

쇠를 당겼다. 불행은 거기서 끝나지 않았다. 부모 없이 혼자서 자란 아이는 제대로 된 보살핌을 받지 못했다. 그러다 보니 제멋대로 말하고 함부로 행동했다. 사람들은 아이를 손가락질하며 흉을 보기에 이르렀다.

"저런, 못된 것 같으니라고. 어쩜 저리도 버릇이 없을까."

"제대로 배우지 못한 탓이지요. 아이가 가엾다가도 고약하기 짝이 없어요."

세월이 흘러 아이는 청년이 되었고 거리에서 시민들과 얘기를 하던 윌리엄 매킨리 대통령을 저격하기에 이른다. 이 사건으로 미국은 큰 충격에 빠졌고, 현장에서 체포된 그는 얼마 후 형장의 이슬로 사라졌다.

청년의 아버지가 생전에 툭하면 자살한다고 입버릇처럼 말했듯 그도 비극적으로 삶을 마감했다. 그 청년의 이름은 무정부주의자인 레온 촐 고츠이다.

이 이야기는 많은 것을 생각하게 한다. 입버릇처럼 하는 고약한 말이 그 사람의 인생에 얼마나 부정적으로 작용하는지, 나아가 자식에게까지 고스란히 전해진다는 것을 깨닫게 한다.

자신이 원하는 대로 인생을 살고 싶다면 늘 긍정적으로 말하고 행동해야 한다. 좋은 말의 씨를 심느냐 나쁜 말의 씨를 심느냐는 오직 자신의 선택에 달려 있다.

말에는 책임이 따른다.
자신이 뱉은 말에는
반드시 책임을 져야 한다.
책임지지 않는 말은 바람에 날아가는
허공에 뜬 풍선과 같아,
어느 누구도 그 사람을 믿고
신뢰하지 않는 까닭이다.

그렇다.
인생을 행복하게 살고 싶다면
늘 책임질 수 있는
긍정적인 말만 하라.

함부로 속단하여
말하지 마라

아, 그러시군요. 따님에게 이렇게 전해 주세요.
소설로는 결코 성공할 수 없으니 교사 생활이나 잘하라고요.

출판사 편집자

"장담하는데 너는 잘될 수 없어."

"만일 네가 잘된다면 내 손에 장을 지질 거야."

"그 일이 잘된다면 내가 네 아들이다."

상대가 자신의 마음에 들지 않는다고 해서 혹은 상대가 밉다고 해서 함부로 속단하여 말하는 것은 어리석은 행동이다.

사람의 앞일은 누구도 모른다. 지금 별 볼 일 없다고 해서 상대를 함부로 속단하는 것은 당사자에게는 크나큰 상처가 된다. 또한 스스로를 무식한 사람이라고 인정하는 것과 같다.

소설《작은 아씨들》로 잘 알려진 루이자 메이 알코트는 교사

생활을 하면서 습작을 했다. 그녀는 작가가 되어 자신이 쓰고 싶은 소설을 마음껏 쓰고 싶었다. 학교를 마치고 집에 오면 책상에 앉아 밤이 이슥해지도록 쓰고 또 썼다.

"아, 드디어 완성이다!"

그녀는 탈고의 기쁨에 겨워 이렇게 소리치고는 소중한 원고를 가슴에 꼭 안은 채 우체국으로 가서 출판사로 부쳤다. 그리고 좋은 소식이 오기만을 하염없이 기다렸다.

그러던 어느 날, 그녀가 학교에서 아이들을 가르치는 동안 그녀의 아버지가 출판사로 찾아갔다. 조심스럽게 출판사 문을 열고 들어서자 직원이 나오며 물었다.

"어떻게 오셨나요?"

"네, 저는 소설을 투고한 루이자 메이 알코트의 아버지입니다."

마침 그를 맞이한 사람은 담당 편집자였다.

"아, 그러시군요. 따님에게 이렇게 전해 주세요. 소설로는 결코 성공할 수 없으니 교사 생활이나 잘하라고요."

그는 이렇게 말하며 원고 뭉치를 그녀의 아버지에게 건네주었다. 그녀의 아버지는 딸에 대해 함부로 말하는 편집자를 보며 화가 났지만, 꾹 참고 집으로 돌아왔다.

그녀가 일을 마치고 집으로 돌아왔지만, 아버지는 차마 담당 편집자의 말을 그대로 전할 수 없어 망설이고만 있었다. 그러다 솔직하게 말하는 편이 낫겠다 싶어 딸에게 사실대로 말했다. 아버지의 말을 듣고 그녀는 자신에 대해 함부로 말한 편집자에게 극심한 분노를 느꼈다.

'두고 보자. 기필코 그 출판사에서 소설을 내고 말 테니까. 그래서 당신의 코를 납작하게 해 줄 거야.'

그녀는 더 열심히 소설과 시를 습작했다. 그렇게 뼈를 깎는 시간을 지나 그녀는 당대 미국 최고의 시인인 헨리 워즈워스 롱펠로에게서 '에머슨 수준이 아니면 쓸 수 없는 시를 썼다'는 극찬을 받으며 등단했다. 이후, 그녀는 소설《작은 아씨들》을 발간하여 상업적으로나 문학적으로 큰 성공을 거뒀다. 속편에서도 큰 성공을 거두었다. 그녀가 한창 잘나갈 때는 인세로만 20만 달러를 받았는데, 당시의 가치로는 천문학적인 숫자였다.

그녀에게 함부로 말하며 속단했던 출판사의 편집자는 코가 납작해질 수밖에 없었다. 그녀는 자신의 결심대로 성공을 거두어 그에게 멋지게 복수했다.

이 이야기는 함부로 말하고 속단하는 것이 상대에게 얼마나 큰 상처가 되는지를 잘 알게 한다. 사람에게는 누구나 때가 있고 그만의 장점이 있다. 지금 그 사람이 보잘것없다고 해서 함부로 말하고 속단해서는 안 된다. 그것은 예의에 어긋날 뿐만 아니라 자신에게도 부끄러운 일이다.

항상 입을 조심하라. 모든 화의 근원은 함부로 내뱉는 말에 있다. 말로 인생을 망치지 않는 것 역시 삶의 지혜이다.

마음에 새기면 좋을 인생 포인트

사람은 언제, 어느 때에 무엇이 될지 모른다.
사람은 누구나 동등한 인격과 가치를 지녔다.
함부로 속단하는 것은 상대를 모욕함은 물론이고 스스로의 무지를 드러내는 일이다.
그런 까닭에 함부로 속단하여 말함을 주의하라.

05

말로써
인생의 앞길을 막다

대표 팀에 유색 인종이 너무도 많다.
백인들로만 팀을 꾸려야 한다.

장 마리 르펜

프랑스의 극우파 정당인 국민전선의 창립자이자 대표적인 극우 민족주의자인 장 마리 르펜. 그는 대통령 선거에 다섯 번이나 출마했지만, 한 번도 대통령이 되지 못했다. 그는 특히, 이민 정책에 대해 매우 민감하게 반응했는데, 이민을 제한해야 한다고 주장하며 다음과 같이 말했다.

"프랑스 정부는 이민을 제한해야 한다. 더는 이민자에게 우리의 권익을 나눠 줄 수 없다."

민족 차별적인 발언도 서슴지 않았다. 1998년, 프랑스 월드컵을 앞두고 애매 자케 감독에게 이렇게 말했다.

"대표팀에 유색 인종이 너무도 많다. 백인들로만 팀을 꾸려야 한다."

그로 인해 아프리카 출신 이민자로 프랑스 국가 대표에 발탁된 지단을 비롯하여 영화배우 이자벨 아자니 등에게 비난을 받았다. 르펜이 프랑스 국민들로부터 원성을 산 가장 큰 이유는 함부로 말하는 그의 입 때문이었다. 그는 "나치 독일이 유대인을 가스실에서 학살한 것은 제2차 세계 대전의 역사에 있어 사소한 일 중 하나다"라고 막말을 해 국민들에게 질타를 받았다.

또한 "프랑스와 러시아가 '백인 세계'를 구하도록 협력해야 한다"고 말해 물의를 빚기도 했다. 그의 막말은 자신의 딸인 국민전선 당수인 마린 르펜에게도 예외 없이 적용되었다. 그는 "2017년, 딸이 대선에서 반드시 패할 것이다"라고 악담을 하여 사람들을 아연실색하게 했다.

결국, 르펜은 막말과 눈에 거슬리는 행동으로 물의를 빚으며 자신의 딸과도 적이 되었다. 말이 많으면 그중에 쓸 말도 있지만, 이처럼 불필요한 말도 많은 법이다. 결국, 그는 2015년 홀로코스트에 대한 막말로 물의를 빚으며 자신의 딸에 의해 퇴출당했다.

그는 극우 보수주의자로 같은 생각을 가진 국민에게는 인기가 좋았지만, 그의 막말과 눈에 거슬리는 행동에는 다들 등을 돌렸다. 그를 지지하는 사람들뿐만 아니라 자신이 세운 국민전선 당원들에게도 원성을 사며 정치생명을 끝내고 말았다.

말을 신중하게 하고 행동거지를 바르게 했다면 그의 입지는 보다 탄탄해졌을 것이다. 한때는 새로운 대선 주자로 강력하게 떠오를 정도로 전도유망했지만 성공은 거기까지였다. 그는 함부로 말하고 행동함으로써 스스로 앞길을 막고 말았다.

마음에 새기면 좋을 인생 포인트

말들의 무덤에 갇히는 사람들이 있다.
그들은 자신의 말이 곧 무덤이 되리라는 것을 전혀 인식하지 못한다.
그들의 입은 틀어 놓은 수도꼭지처럼 쉴 새 없이 거친 말을 쏟아 낸다.
그 결과, 뛰어난 능력에도 불구하고 말의 무덤에 갇힌 채 인생의 무대에서 영영 사라지고 만다.

분노를 잠재우는
지혜로운 말 한마디

자네는 지금 편지를 읽으면서 분풀이를 하지 않았는가.
이번에 자네가 그냥 덮고 넘어간다면
그 장군은 자네의 관대함을 보고 다시는 함부로 굴지 않을 걸세.
그러니 편지는 저 난로에 집어넣는 것이 어떻겠나?

에이브러햄 링컨

살다 보면 가족이나 지인들이 누군가로부터 심한 말을 듣고 분노하는 것을 종종 목격하게 된다. 마음의 상처를 입은 당사자는 당장이라도 보복을 할 듯이 행동하기도 하고, 어떻게 하면 자신의 억울함을 보기 좋게 갚아 줄까 고심하기도 한다. 그럴 때 지혜로운 사람이 주변에 있으면 큰 도움이 된다.

지혜로운 사람은 분노로 가득 찬 사람의 마음을 다독이며 화를 삭이게 해 불상사를 막아 준다. 이런 사람이 주변에 있다는 것은 참으로 감사한 일이다. 지혜로운 사람은 소중한 자산이며 인생을 살아가는 데 있어 삶의 어둠을 환히 밝히는 빛과 같다.

다음은 링컨이 대통령 시절에 겪은 일화이다.

어느 날, 국방부 장관인 율리시스 심프슨 그랜트가 편지를 들고 링컨을 찾아왔다. 무슨 일인지 그의 얼굴은 잔뜩 상기되어 있었다.

"대통령님, 마침 계셨군요."

"어서 오시게. 무슨 일이 있는가?"

링컨은 그의 표정을 읽고 넌지시 물었다.

"저를 향해 막말을 하며 비난을 해댄 장군이 있는데, 그에게 경고하기 위해 편지를 썼습니다."

얼마나 화가 났는지, 그는 얼굴이 잔뜩 붉어진 상태로 말했다. 링컨은 그 모습에서 단단히 화가 났음을 짐작했다.

"그런 일이 있었구먼. 한번 편지를 읽어 보겠나? 나도 좀 들어보세."

링컨의 말에 그랜트는 기다렸다는 듯이 편지를 읽어 내려갔다. 편지에는 상대를 향한 분노에 찬 욕설이 난무했다. 링컨은 편지를 읽는 그를 향해 중간중간 맞장구를 쳐 주었다. 그가 편지를 다 읽고 나자 링컨이 말했다.

"괘씸한 놈. 장군이 되어서 상관에게 고약하게 굴다니."

자신을 편드는 링컨의 말에 그는 의기양양해져서 봉투에 편지를 도로 집어넣었다.

"여보게, 편지는 어떻게 하려고 그러는가?"

"보내서 따끔하게 경고해야지요."

그의 말에 링컨이 빙그레 웃으며 말했다.

"자네는 지금 편지를 읽으면서 분풀이를 하지 않았는가. 이번에 자네가 그냥 덮고 넘어간다면 그 장군은 자네의 관대함을 보고 다시는 함부로 굴지 않을 걸세. 그러니 편지는 저 난로에 집어넣는 것이 어떻겠나?"

링컨의 말뜻을 이해한 그랜트는 화난 얼굴을 풀고 난로에 편지를 집어넣었다.

만일 링컨이 그랜트를 비난한 장군을 엄중히 경고하거나 편지를 보내게 했다면 어떻게 됐을까. 아마 귀한 인재를 잃게 되었을지도 모른다. 한 명의 군인을 장군으로 길러 내기 위해서는 막대한 비용과 시간이 필요한데, 도중에 인재를 잃었다면 국가로서는 대단한 손실이다.

이런 관점에서 보면 링컨이 얼마나 따뜻한 인품을 지닌 현자인지 알 수 있다. 훗날, 그랜트는 미국의 제18대 대통령이 되는데 그렇게 된 데는 링컨의 가르침이 큰 힘이 되었다.

자신의 감정을 억제하지 못할 때,
주변의 도움을 받으면 큰 힘이 된다.

분노가 가득 찬 상태에서는
감정에 치우쳐 무슨 일을 저지를지 모른다.
이럴 때, 올바른 판단을 할 수 있도록
힘이 되어 주는 사람은
인생의 보석과도 같다.

그렇다.
인생의 보석과 같은 사람을
반드시 자신의 곁에 두도록 하라.

같은 말이라도 어떻게 하느냐에 따라
결과는 달라진다

저는 태어날 때부터 장님입니다.
대신, 봄이 오는 것을 저는 볼 수 없습니다.

어떤 신사

같은 말이라도 어떻게 하느냐에 따라 결과가 크게 달라진다. 그냥 대충 하는 말과 정성을 들여서 하는 말은 듣는 입장에서 크게 차이가 난다. 전자는 의례적인 말로 들리지만, 후자의 경우는 진심이 느껴지기 마련이다.

글도 마찬가지다. 정성이 들어간 글과 그렇지 않은 글은 읽는 순간 차이가 느껴진다. 정성이 들어간 글은 눈이 아닌 마음으로 읽혀 진한 감동이 전해지지만, 정성이 없는 글은 어떤 감흥도 불러일으키지 못한다.

파리의 센강을 가로지르는 미라보 다리는 문학 작품에 자주

등장하여 우리에게 친숙한 소재이다. 특히, 프랑스 시인 기욤 아폴리네르의 시 〈미라보 다리〉는 미라보 다리를 더욱 감성적으로 바라보게 한다. 미라보 다리는 그 자체로 이미 문학이며 감수성이다.

이 낭만적인 다리에 팻말을 목에 걸고 구걸하는 걸인이 있었다. 목에 걸린 팻말에는 '저는 태어날 때부터 장님입니다'라고 적혀있었다. 사람들은 그에게 눈길조차 주지 않았고, 모금함은 늘 텅 비어 있었다.

그러던 어느 날, 한 신사가 미라보 다리를 지나다 그를 보게 되었다. 신사는 가던 길을 멈추고 그에게 물었다.

"이렇게 종일 있으면 돈을 얼마나 벌 수 있습니까?"

신사의 물음에 걸인은 힘없는 목소리로 대답했다.

"고작해야 10프랑밖에 안 됩니다."

그의 말을 듣고 신사는 그에게 목에 걸고 있는 팻말을 벗어 달라고 한 뒤, 무언가를 써서 다시 건네주었다. 그러자 신기한 일이 벌어졌다. 종일 10프랑밖에 받지 못하던 그가 신사가 다녀간 뒤로는 다섯 배나 넘는 돈을 손에 쥐게 되었다.

한 달 뒤, 신사가 걸인에게 가서 말을 걸었다. 그랬더니 걸인은 신사의 손을 잡고 감격해서 말했다.

"선생님, 정말 감사합니다. 선생님이 다녀가신 후로 수입이 50프랑이나 됩니다. 어떻게 이런 일이 있을 수 있지요? 대체 선생님께서 뭐라고 써 놓으셨기에……."

걸인의 물음에 신사가 빙그레 웃으며 말했다.

"별로 특별한 것은 아닙니다. 당신이 팻말에 써 놓은 '저는 태어날 때부터 장님입니다' 대신 '봄이 오는 것을 저는 볼 수 없습니다'라고 바꿔서 적었을 뿐입니다."

신사의 말에 걸인은 연신 감사 인사를 전했다.

이 이야기를 통해 사람의 마음을 움직이는 말이란 어떤 것인지 잘 알 수 있다. 걸인이 써 놓은 글은 '나는 불쌍하게 태어났으므로 이렇게 구걸을 합니다. 그러니 도와주십시오'라는 인식을 불러일으킨다. 반대로 신사가 써 준 글에는 '나도 멋진 봄을 누리며 살고 싶습니다'라는 간절한 희망이 비친다. 우리가 볼 수 있는 봄의 멋진 풍광을 볼 수 없으니 얼마나 답답하고 보고 싶을까 하는 인간적인 연민을 강하게 작동시킨다. 이 강한 연민이 사람들의 마음을 움직인 것이다.

역동적인 말과 글은 이처럼 힘이 세다. 울림이 크고 깊다. 진심을 담아 하는 말과 글은 상대에게 좋은 이미지를 심어 준다는 것을 항상 명심해야겠다.

'아 다르고 어 다르다'라는 말이 있다.
같은 말이라도
어떻게 표현하느냐에 따라
갖는 힘이 다르다.
상대에게 주는 이미지도 다르다.

그런 까닭에
생동감 있고 역동적으로 말해야 한다.
그것은 곧 자신에게 있어
긍정적으로 작용함으로써
큰 힘이 되는 까닭이다.

세상에 사람보다
더 귀한 것은 없다

백작님, 도자기가 아무리 귀하다고 해도 사람보다 귀하겠습니까?
백작께서는 방금 나간 소년에게 그의 부모가 가르쳤던
사람에 대한 존경심을 무너뜨렸습니다.
백작께서 한 말과 행동으로 말입니다.

조시아 웨지우드

세상에 존재하는 것은 정도의 차이가 있을 뿐, 무엇이든 다 존재의 이유가 있다. 그중에서도 특히 사람은 가장 존귀한 존재이다. 사람은 창의적이고 생산적인 사고를 지녔으며 성서적인 견해로는 하나님의 형상을 한 존재이기에 더욱 소중하다.

이처럼 소중한 사람이 같은 사람으로부터 무시당하고, 고통당하고, 인간 이하의 취급을 받는다면 그처럼 참혹한 일도 없을 것이다. 간혹 가다 인격을 무시당하고, 폭력과 폭언에 시달리는 사람들을 목격하게 된다. 신문과 뉴스는 관련 사건들을 연일 보도한다. 이때, 피해자들은 가진 것 혹은 힘이 없다는 이유로 저항

한번 해 보지 못하고 속수무책으로 당하기만 한다.

그런 가운데 가난한 자, 약자의 편이 되어 주는 이들이 있다. 다음은 그에 관한 아름다운 이야기이다.

세계적으로 유명한 도자기 회사인 웨지우드의 설립자인 조시아 웨지우드. 그는 1759년에 웨지우드를 설립했다. 웨지우드는 세계 최고의 명품 도자기 회사로 오랫동안 각광 받아 왔다. 웨지우드는 어려서부터 도예가로서의 재능이 탁월했는데, 그의 뛰어난 재능을 알아보고 사람들은 말했다.

"웨지우드, 넌 재능을 타고났구나. 앞으로 열심히 하면 분명 세계 최고의 도예가가 될 거야."

하지만 불행하게도 웨지우드는 천연두를 심하게 앓는 바람에 물레를 돌릴 수 없게 되었다. 그럼에도 그는 꿈을 포기하지 않고 도예가 대신 도자기 디자이너가 되기로 결심했다. 그는 한 땀 한 땀 바느질을 하듯 도자기를 디자인했다. 그 결과, 그는 자신만의 개성을 발굴해 20대에 도자기 디자이너로 인정받으며 당시 영국 최고의 도예가인 토마스 휠던과 함께 일하게 되었다. 이후, 실력을 쌓아 자신의 이름을 따 맨체스터에 웨지우드를 설립했다.

그가 만든 도자기는 귀족들은 물론 여왕까지 주문할 정도로 독특하고 뛰어났다. 웨지우드의 제품은 누구나 갖고 싶어 하는 명품 도자기였는데, 그의 인품 역시 그가 만든 도자기처럼 맑고 곧았다.

한번은 이런 일도 있었다. 한 귀족이 웨지우드를 방문했는데, 웨지우드는 그에게 공장을 견학시키면서 직원이었던 한 소년도 동행하게 했다. 이때, 귀족은 소년에게 함부로 말하며 무례를 범했다. 소년은 귀족의 말에 충격을 받아 어쩔 줄을 몰라 했지만, 침착하게 대처했다. 귀족의 무례함에 웨지우드 역시 기분이 좋지 않았다. 견학이 끝나갈 무렵이었다. 웨지우드는 우아하고 멋진 꽃병을 귀족에게 보여 주었는데, 매우 만족스러웠는지 꽃병에 손을 대려 했다. 그때였다. 웨지우드는 바닥에 꽃병을 집어 던졌다. 바닥에 떨어진 꽃병이 깨지자 귀족은 화가 나서 소리쳤다.

"이것 보시오. 당신 미쳤소? 내가 그 꽃병을 사려고 했는데, 이렇게 깨뜨리다니 대체 무슨 짓이오!"

그러자 웨지우드가 대답했다.

"백작님, 도자기가 아무리 귀하다고 해도 사람보다 귀하겠습니까? 백작께서는 방금 나간 소년에게 그의 부모가 가르쳤던 사람에 대한 존경심을 무너뜨렸습니다. 백작께서 한 말과 행동으로 말입니다."

정중하지만 서릿발 같은 웨지우드의 말에 조금 전까지만 해도 오만하게 굴던 귀족은 얼굴이 발개져서 아무 말도 하지 못했다. 웨지우드의 말은 그의 못된 심성을 부끄럽게 만들었다.

    사람이 누구나 평등하다는 것은 만고의 진리이다. 웨지우드는 귀족이라는 이유로 거드름을 피우며 온갖 막말을 일삼고 추태를 부린 그에게 정문일침의 따끔한 충고를 했다. 고급스러운 명품 꽃병을 비인격자에게는 팔지 않겠다고 항변한 이런 행동은 그의 올곧은 성품을 대변한다.

    누구든 자기 직원을 함부로 대할 수 없다는 그의 이런 고귀한 행동은 실로 귀감이 된다. 그러고 보면 웨지우드의 도자기가 명품으로 인정받는 것 역시 그의 곧은 인품이 그대로 배어 있기 때문이 아닐까 한다.

<hr />

마음에 새기면 좋을 인생 포인트

나이가 어리다고 해서 함부로 말하고 행동하는 것은 옳지 못하다.
인격은 나이 혹은 출신 성분에 관계 없이 누구에게나 존재한다.
직위, 신분, 주변 환경에 따라 사람을 차별하는 것은 옳지 못하다.
그것은 신에게 도전하는 것처럼 무모한 일이며 자신의 얼굴에 먹칠을 하는 것과 같다.

한 사람의 인생을
송두리째 바꾼 말의 힘

그건 말이지. 너는 내 소중한 제자라서 그렇단다.
이 세상에 처음부터 나쁜 사람은 없단다.
너는 누구보다도 잘할 수 있어. 나는 너를 믿는단다.

윌리엄 슈어드

"될성부른 나무는 떡잎부터 다르다"는 말이 있다. 잘되는 사람은 어린 시절부터 남다르다. 예의가 바르고, 학업을 게을리하지 않으며, 바른 인성을 갖추었다. 좋은 품성과 재능을 잘 살린 덕에 성공한 인물이 되는 것이다.

물론, 예외도 있다. 어릴 때는 버릇이 없어 막말을 일삼고 싸움은 기본이요, 남의 물건을 훔치는 것은 예사였지만, 좋은 사람과 어울리며 개과천선하여 성공한 인물들도 있다. 될성부른 나무가 아니라고 손을 놓아 버리고 관심을 두지 않는 것은 한 인생의 미래를 방관하는 것이나 마찬가지다. 막말과 거친 행동을 일삼는 사람 마음에게도 선善의 에너지는 있는 법이다.

미국 메사추세츠의 어느 마을에 거친 말과 행동으로 사람들에게 낙인찍힌 소년이 있었다. 이 소년은 입만 열었다 하면 입에 담지 못할 욕이 쏟아져 나왔다. 거친 행동으로 싸움을 밥 먹듯이 하여 학교에서는 이미 문제아로 소문이 나 있었다. 어느 누구도 소년과 함께하기를 거부했다. 교사들도 고개를 흔들며 진저리를 쳤다.

그러던 어느 날, 새로운 교사가 부임해 왔다. 동료 교사들로부터 이야기를 전해 들은 그는 자신이 소년을 가르쳐 보겠다고 했다. 그러자 다들 입을 모아 그를 말렸다.

"마음은 알겠지만, 상처만 입을 거예요. 그러니 그냥 모른 척하세요."

동료 교사들의 만류에도 불구하고, 그는 결심을 굽히지 않았다. 그의 이런 완강한 태도에 동료 교사들은 콧방귀를 뀌며 곧 두 손 두 발 다 들게 될 것이라고 빈정거렸다.

그는 소년을 유심히 관찰하며 서서히 다가갔는데, 그럴수록 소년은 완강히 저항했다.

"절 좀 그냥 내버려 두세요. 다른 선생님도 처음에는 이렇게 다가왔지만 나중에는 포기하고 저를 벌레 보듯 했다고요!"

이처럼 짜증을 내고 막말을 하기에 이르렀다. 그럼에도 그는 소년에게 자신의 관심을 적극 보여 주었다. 소년이 부정적인 행동을 보일 때면 '왜 이런 고생을 사서 해야 하나' 하는 생각도 들었지만, 그것도 잠시 곧장 생각을 바꾸었다.

그러던 어느 날, 놀라운 일이 생겼다. 소년이 그에게 먼저 말을 걸어 온 것이다.

"선생님, 선생님께서는 제가 이렇게 함부로 구는데도 왜 저를 포기하지 않으세요?"

소년의 말을 듣고 그는 감격해서 대답했다.

"그건 말이지, 너는 내 소중한 제자라서 그렇단다. 이 세상에 처음부터 나쁜 사람은 없단다. 너는 누구보다도 잘할 수 있어. 나는 너를 믿는단다."

그의 말을 듣고 소년은 울면서 말했다.

"선생님, 저처럼 못된 아이를 감싸 주시고 사랑해 주셔서 감사합니다. 이제부터는 욕도 안 하고 싸움도 안 하고 열심히 공부할게요. 그러니 저를 버리지 말아 주세요."

그는 소년의 말을 듣고 꼭 안아 주며 말했다.

"그렇게 말해줘서 정말 고맙다. 나는 너를 절대로 포기하지 않을 거란다. 그러니 이제부터는 새로운 사람으로 다시 태어나는 거야. 알겠지?"

"네, 선생님."

그날 이후, 소년은 몰라보게 달라졌다. 막말을 일삼던 입에서는 부드럽고 따뜻한 말이 쏟아져 나왔으며, 싸움도 하지 않았다. 공부를 얼마나 열심히 했는지 성적도 눈에 띄게 올랐다. 그 결과, 소년은 대학에 입학하여 우수한 성적으로 졸업하게 되었다. 훗날 그는 법을 공부하여 판사가 되었는데 정치에 입문하여 뉴욕 시장과 상원의원을 각각 두 번이나 역임했다. 공화당 대통령 후보 경선에서 링컨과 경쟁을 벌였지만 패한 뒤, 국무장관으로 임명되어 맡은 바 임무를 훌륭하게 수행해 갔다. 그의 이름은 바로 윌리엄 슈어드이다.

욕설과 막말, 싸움을 일삼던 문제아도 어떻게 대하느냐에 따라 전혀 다른 사람이 된다는 것을 보여 주는 실제 사례이다.

지금 이 순간, 자신의 주변을 돌아보라. 소년 시절의 윌리엄 슈어드 같은 인물이 주변에 있지 않은가. 만약, 그를 변화시키고 싶다면 한번 시도해 보라. 그것은 한 사람의 미래를 활짝 여는 꿈의 길이 될 것이다.

<hr>

마음에 새기면 좋을 인생 포인트

사람이 만물의 으뜸인 것은 생각하는 데 있고, 그 생각을 현실로 실현하는 데 있다. 거친 말과 행동을 하는 사람도 외면하지 않고 인내로써 가르치면 얼마든지 변화할 수 있다.
그렇다. 사람이 사람인 것은 잘못된 일도 얼마든지 개선할 수 있는 능력을 지닌 까닭이다.

한마디의 말실수로
공든 탑을 무너뜨리다

저는 가끔 유대인이 될 걸 하고 생각합니다.
하지만 그럴 때마다 제가 나치라는 사실을 알게 됩니다.
저는 히틀러를 이해하고 조금은 공감합니다.

라스 폰 트리에

말 한마디의 실수가 미치는 영향은 실로 큰데, 사람들은 이를 너무 가볍게 생각한다. '말하다 보면 그럴 수도 있지 뭐' 하는 생각으로 말실수를 가볍게 여긴다.

지위나 학식이 아무리 높아도, 무소불위의 권력을 가졌어도 말을 잘못하게 되면 이미지를 깎이고 만다. 반대로 말에 교양이 넘치면 품격이 배어 나온다. 이처럼 말에는 그 사람의 인품이 담겨 있다. 말이 곧 그 사람인 것이다.

베를린 영화제, 베니스 영화제와 더불어 세계 3대 영화제로 꼽히는 칸 영화제에 덴마크의 라스 폰 트리에 감독이 초청받았다. 그는 영화 〈어둠 속의 댄서〉로 황금종려상을 받은 세계 영화계의 거장이다. 그런 그가 한 매체와의 인터뷰에서 다음과 같은 발언을 한 적이 있다.

"저는 가끔 유대인이 될 걸 하고 생각합니다. 하지만 그럴 때마다 제가 나치라는 사실을 알게 됩니다. 저는 히틀러를 이해하고 조금은 공감합니다."

당시 그의 인터뷰 기사는 순식간에 세계로 퍼져 나갔고, 칸 영화제 집행부는 인종 차별 발언으로 물의를 일으킨 그가 모든 행사에 참여할 수 없도록 입장 금지령을 내렸다. 또한 기피 인물로 지목하는 중징계도 내렸다. 그는 독일계 덴마크인이었다.

그는 집행부의 중징계에 대해 다음과 같이 해명했다.

"저는 나치가 아니고 반유대주의자는 더더욱 아닙니다. 그때는 단지 기자에게 농담을 한 것뿐입니다."

"아니, 농담할 게 따로 있지 어떻게 인종 차별 발언을 농담으로 할 수 있습니까? 그 어떤 말로도 이는 받아들일 수 없습니다."

집행부에서는 이렇게 말하며 그를 질책했고 해명은 받아들여지지 않았다. 결국, 그의 명성은 한순간에 와르르 무너지고 말았다.

이처럼 말은 늘 조심해서 해야 한다. 자신도 모르게 불쑥 하는 한마디 말에 공든 인생이 와르르 무너져 내릴 수도 있다.

그는 너무 가혹하다고 항변했지만, 그 말에 귀를 기울여 준 사람은 아무도 없었다. 만약, 그의 이런 실수를 묵과했다면 칸 영화제가 세계 언론으로부터 강한 질타를 받으며 영화제의 명성에 먹칠을 하고 말았을 것이다.

한마디 말의 힘은 이처럼 힘이 세다. 그러니 말로 인해 공든 인생을 무너뜨리는 우를 범하지 말아야겠다.

마음에 새기면 좋을 인생 포인트

장난 삼아 툭툭 던지는 말 한마디가 몰고 오는 파장은 실로 크다.

아무 생각 없이 던지는 말이 미치는 영향은 자신에게나 주변 사람들에게 부정적인 이미지를 준다.

말은 그 사람의 품격이다. 자신의 품격을 높이고 싶다면 품격 있게 말하고 행동해야 한다.

"

당신의 입에서 나온 첫마디가
첫인상을 결정한다

"

11

바른말도
때와 장소를 가려서 해야 한다

폐하, 지금은 이릉이 고육지책으로
그리 했으리라 생각됩니다.
그는 훗날 반드시 황은에 보답하리라고 신은 믿사옵니다.

사마천

옳은 말은 상황에 따라 덕이 되기도 하고 화가 되기도 한다.
덕이 된다면 자신에게 좋은 일이지만, 화가 된다면 불행을 스스
로 자초한 꼴이 되고 만다.

슬기로운 사람은 말하기 전에 상황을 인지하는 능력이 뛰어
나다. 말을 해야 하는지, 삼켜야 하는지를 잘 가늠한다. 그 결과,
말로 인한 실수를 범하지 않는다. 반대로 미련한 사람은 상황을
판단하는 능력이 뒤떨어진다. 그러다 보니 상황을 무시한 채 말
을 하다 자신이 한 말에 갇히고 만다.

중국의 역사서 가운데 가장 대표적인 《사기史記》. 《사기》는 총

130권의 방대한 분량으로 사마천의 역작이다. 사마천의 직책은 태사령으로 천문 관측, 달력 개편, 국가 대사와 조정 의례의 기록을 맡았다. 그는 태사령이었던 아버지 사마담이 이루지 못한 꿈을 이루고자 《사기》 집필에 돌입했다. 그러던 중 뜻하지 않는 인생 최대의 고난을 맞게 된다.

한나라 7대 황제인 무제는 이부인을 총애했는데, 그러던 어느 날 무제가 이릉 장군을 불러 말했다.

"이릉은 듣거라. 이광리가 흉노를 정벌할 수 있도록 힘써 보좌하여라."

무제는 이부인의 오빠인 이광리가 흉노 정벌의 공을 세우도록 명장 이릉에게 이광리를 도울 것을 명령했다. 하지만 이릉은 명을 따르지 않고 별동대 5천을 이끌고 침입하여 흉노 선우의 3만 병력과 싸워 수천 명의 목을 베었다. 흉노의 선우는 11만의 병력으로 이릉을 공격했지만 이길 수 없자 철군을 결심했다.

이때, 이릉의 부하 중 한 명이 잘못을 저지르고 징벌을 피해 흉노로 도주했다. 그런 뒤 이릉의 군대는 원병도 없고 화살도 거의 바닥이 났다고 말했다. 이에 철군하려던 선우는 이릉을 공격했다. 결국, 중과부적衆寡不敵으로 이릉은 포로로 잡히고 말았다. 이때 흉노의 선우는 이릉을 얻기 위해 자신의 딸을 주며 사위로 삼았다.

이를 알게 된 무제는 노발대발하며 이릉의 노모와 처자를 참

형에 처하고, 그의 죄를 문책하는 회의를 열었다. 무제는 노기를
띤 채 말했다.

"이릉은 나를 배반했다. 이 역적을 어떻게 했으면 좋은지 다들
말해 보라."

누구도 쉽게 입을 열지 못하는데, 그때 사마천이 조용히 입을
열었다.

"폐하, 지금은 이릉이 고육지책으로 그리했으리라 생각됩니
다. 그는 훗날 반드시 황은에 보답하리라고 신은 믿사옵니다."

이릉을 두둔하는 사마천의 말을 듣고 무제는 진노하여 말했
다. 그의 충언은 불난 집에 기름을 붓는 격이었다.

"네 놈이 정녕 생각이 있는 것이냐. 여봐라! 저놈을 당장 극형
에 처하도록 하라."

서슬 퍼런 무제의 한마디에 사마천은 결국 생식기를 잘리는
궁형에 처해지고 말았다. 당시, 궁형은 남자에게는 가장 치명적
이고 수치스러운 형벌이었다. 남성성을 잃은 남자의 비애는 말
로 형언하기 힘들 만큼 고통 그 자체였다. 그렇다고 사마천은
스스로 목숨을 끊을 수도 없었다. 아버지의 당부인《사기》를 집
필해야 했기에 수치스러워도 참으며 집필에 몰두해야 했고, 마
침내《사기》를 완성시켰다.

사마천의 일화는 인간관계에 있어 말 한마디의 영향력이 얼

마나 큰지 짐작하게 한다. 아무리 옳은 말이라도 상황에 따라 가려서 해야 한다. 그것이 바로 자신의 삶을 지혜롭게 이끄는 비책이다.

같은 말이라도 상황에 따라 달리 해야 한다.
아무리 좋은 말이라도 상황에 어긋나면 해가 된다.
상대의 눈치만 보느라 할 말을 다 못하는 것도 문제지만, 상황을 고려하지 못해 화를 입는 것도 자신에게는 불리한 일이다.
그 점을 고려해 상황에 따라 말을 하는 훈련을 해 보자.

지혜로운 말은
적도 친구로 만들어 준다

다시 한번 의원님의 호의에 감사드립니다.

벤저민 프랭클린

우리는 살면서 뜻이 잘 맞는 사람을 만나기도 하고 정반대인 사람을 만나기도 한다. 뜻이 잘 맞는 사람과는 좋은 관계를 유지해 갈 수 있지만, 그렇지 않은 사람과의 만남은 상처가 되기도 하고 인생의 악재로 작용하게 된다.

지혜로운 사람은 자신과 맞지 않는 사람과도 잘 지내는 방법을 고민하며 친구로 만든다. 상대가 원수 같은 존재라 해도 예외는 아니다. 반대로 미련한 사람은 자신과 잘 맞는 사람과도 종종 적이 된다. 이때 지혜로운 사람의 인생 기술은 삶의 좋은 길잡이가 된다.

미국 건국의 아버지 중 한 사람으로 정치가이자 발명가인 벤저민 프랭클린. 그는 어린 시절 가난으로 인해 학교를 그만두고 10살 때 형의 인쇄소에서 일을 배워, 훗날 인쇄업으로 성공했다. 그 후 펜실베이니아주 하원의원이 되었으며, 체신장관 대리가 되어 우편 업무 발전에 크게 기여했다. 그는 100달러 초상화의 주인공으로 미국 국민들이 가장 존경하는 인물 중 한 명이다.

이런 프랭클린도 젊은 시절에는 남을 깔보고 논쟁하기를 좋아했다. 자신과 생각이 맞지 않으면 상대가 누구든 종종 이렇게 말했다.

"그 친구는 아무리 봐도 무식해. 어떻게 그렇게 생각할 수 있지? 정말이지 아무 짝에도 쓸모가 없는 인사야."

그러다 보니 상대에게 마음의 상처를 주고 공격받는 일이 빈번했다. 그랬던 그가 우연한 계기로 이런 나쁜 습관을 고치게 된다.

인쇄업을 하고 있던 프랭클린이 주 의회의 서기로 당선되어 공적인 인쇄물을 맡으며 돈을 벌게 되었는데, 의원 중 한 명이 프랭클린을 다음과 같이 헐뜯었다.

"의원 신분을 악용하여 돈을 벌다니. 나쁜 사람 같으니라고."

사실, 이렇게 비난한 이는 평소 프랭클린에게 감정이 좋지 않았다. 프랭클린은 그의 비판에 마음이 상했지만, 어떻게 하면 감정을 누그러뜨리고 잘 지낼 수 있을지 곰곰이 생각했다. 그러던 중 그가 가지고 있는 희귀한 책을 빌려 달라는 편지를 쓰기로 결심했다. 프랭클린은 상대의 좋은 점을 칭찬하며 책을 빌려 줄 것을 정중하게 요청했다.

그러자 놀라운 일이 벌어졌다. 혹시라도 거절할 줄 알았던 그가 이의 없이 책을 빌려 준 것이다. 프랭클린은 책을 받아 일주일 동안 읽고 나서 많은 도움이 되었다는 감사의 편지와 함께 책을 돌려주었다. 그런 다음 주 의회에서 그를 만났는데, 그는 아주 호의적으로 프랭클린을 대해 주었다.

"지난번에 빌려 드린 책이 유익했다니 참 다행입니다."

"다시 한번 의원님의 호의에 감사드립니다."

프랭클린은 고개 숙여 감사를 표했다. 상대 역시 활짝 웃으며 답했다. 이후 두 사람은 절친한 사이가 되었다.

사실, 논쟁은 건설적으로 하면 좋지만 대개는 상대의 기분을 언짢게 하고 더 나아가서는 적을 만든다. 꼭 필요한 경우가 아닌, 쓸데없는 논쟁은 서로에게 상처가 되고 관계를 망친다.

프랭클린이 미국 역사에 길이 남을 수 있었던 것은 시행착오를 겪으며 깨달은 바를 실천했기 때문이다.

누군가와 불필요한 논쟁으로 인해 곤란을 겪고 있다면 잠시 멈추고 마음을 가다듬어 보자. 그런 뒤 마음을 열고 상대에게 먼저 다가가 보자. 그러면 원수 같은 사람도 마음을 열고 다가올 것이다.

자신과 적대 관계에 있는 사람이나
껄끄러운 사람에게 마음을 열고
먼저 다가가는 것도 용기이다.

용기 있는 사람은 상대를 포용함으로써
상대로부터 존중받는다.
먼저 다가가 손 내미는 것을 두고
지는 것이라 생각하는 이들이 있는데
절대로 지는 것이 아니다.

역설적으로 들리겠지만,
한 번 짐으로써 영원히 이기는 것이다.

가까운 사이일수록
예의는 필수다

알렉산더, 넌 황제이기 전에 내 친구야.
그러니 너무 거만하게 굴지 마.

클레토스

친한 사이일수록 말과 행동을 조심해야 한다. 친하게 지내다
보면 마음이 느슨해져서 자신도 모르게 말하고 행동하게 된다.
친하다고 해서 말을 함부로 하고 행동을 가볍게 해서는 안 된다.
친한 관계일수록 따뜻한 말로 서로 마음을 나누며 즐겁게 살아
야 한다. 그럼에도 우리는 이 평범한 진리를 곧잘 잊고 문제를
야기시킨다. 다음은 그에 대한 이야기이다.

세계 역사 이래 가장 드넓은 영토를 차지한 영웅 중 한 명인
마케도니아의 알렉산더 대왕. 그는 필리포스 2세의 아들로 태어
났다. 알렉산더는 열두 살 때 사나운 말을 길들일 정도로 용맹했

다. 또한 그는 고대 그리스 철학자인 아리스토텔레스를 스승으로 모시며 학문적 지식도 두루 갖추어 문무를 겸비한 왕자였다. 그는 아버지 필리포스 2세가 비잔티움과 전쟁을 하러 떠나자 아버지를 대신해 왕국을 맡아 섭정했다.

그러던 어느 날, 트라키아의 마에디족이 반란을 일으켰다. 알렉산더는 단숨에 마에디족을 진압해 그들을 영토에서 내쫓은 뒤, 그 자리에 알렉산드리아라는 도시를 세웠다.

아버지가 세상을 떠난 뒤, 왕위에 오른 알렉산더는 부하들을 인자하고 관대하게 대했다. 그러나 이웃 나라를 하나둘씩 정복해 가더니 점점 자만에 빠지고 성격도 과격해져 갔다.

알렉산더에게는 클레토스라는 친구가 있었다. 그는 장군으로서 알렉산더를 보필하며 권력을 누렸다. 알렉산더는 그를 무척이나 신뢰했는데 그가 자신의 곁에 있다는 것만으로도 든든해할 정도였다.

그러던 어느 날, 이들 사이에 문제가 발생했다. 클레토스가 연회장에서 술에 취해 "알렉산더, 넌 황제이기 전에 내 친구야. 그러니 너무 거만하게 굴지 마"라고 함부로 말하며 추태를 부린 것이다. 아무리 친한 친구 사이여도 많은 사람들이 있는데서 황제를 모욕한다는 것은 있을 수 없는 일이었다. 클레토스의 막말에 알렉산더는 크게 진노했다.

"네가 내 친구라는 이유로 장군에도 오르게 하고, 좋은 집에서 호의호식하며 살게 했거늘…… 그런데 네가 감히 나를 능멸해? 지금껏 나는 너를 친구로 대했으나 이제 너는 내 친구도 아니고 장군도 아니다."

알렉산더는 이렇게 말하며 옆에 있던 병사의 창을 클레토스에게 던졌다. 이때, 창은 그의 가슴에 정확히 꽂혔고 클레토스는 그 자리에서 죽고 말았다. 그의 주검을 보고 알렉산더는 크게 슬퍼하며 다음과 같이 말했다.

"클레토스, 너를 죽이려고 던진 것이 아니었는데…… 이렇게 죽다니."

분을 참지 못해 던진 것이지만, 결과적으로는 소중한 친구를 자신의 손으로 죽이게 되었고, 알렉산더는 이에 크게 슬퍼하며 칼로 자신을 찌르려 했다. 그러자 크게 놀란 신하들이 그를 만류했다.

"황제 폐하, 이러시면 안 됩니다. 고정하십시오."

알렉산더는 신하들의 만류로 목숨을 끊을 수 없었지만, 이후 심한 열병을 앓게 되어 33세라는 젊은 나이에 세상을 떠나고 만다.

이처럼 아무리 친한 사이라 해도 함부로 말하고 행동해서는 안 된다. 친한 사람들과 좋은 관계를 이어가고 싶다면 이 점을 각별히 유념해야 한다.

막역한 사이일수록
예의를 지켜야 한다.
친하다는 이유로 막말을 하고
거칠게 행동한다면 관계는 깨질 수밖에 없다.

오래도록 친분을 유지하며
행복하게 살고 싶다면 가까운 사이일수록
서로에게 예를 다해야 한다.

14

마음이 교만해지면 자신은 칭찬하고
상대는 얕잡아 보게 된다

돌중이 알면 얼마나 알겠어.
꿍꿍이가 있어 수작을 부리는 거라고.

선사를 비방한 선비

짧은 지식을 내세워 우쭐거리다 망신을 당하거나 자신의 능력을 과신하다 부끄러움에 처하는 사람들을 종종 보게 된다. 이는 배움의 뿌리가 깊지 못하고 교만하기 때문이다. 마음이 교만해지면 스스로를 칭찬하고 상대는 얕잡아 보게 된다.

"남이 자기를 칭찬해도 자기 입으로는 자기를 칭찬하지 마라."

《탈무드》에 나오는 말로 스스로를 칭찬하는 것을 경계하라는 뜻이다. 옳은 말이다. 알이 꽉 찬 곡식은 고개를 숙이지만, 그렇지 않은 것은 고개를 빳빳이 쳐든다. 배움도 이와 같다. 배움이 깊은 사람은 티를 내지 않으나 얕은 사람은 티를 내기 마련이다.

한 고을에 오랜 수행을 통해 학문이 깊어지고 세상 이치에 밝

아진 선사禪師가 있었다. 선사는 사람들에게 바른 도리를 일깨워 주기 위해 법문을 열었고, 배움을 얻기 위해 원근 각지에서 사람들이 몰려왔다. 그의 법문을 들은 사람들은 큰 깨달음을 얻게 되었고, 그 소문은 날개를 달고 널리 퍼졌다.

이때, 인근에 살고 있던 선비 셋이 그 소문을 듣고는 선사를 비방하는 헛소문을 퍼뜨렸다.

"돌중이 알면 얼마나 알겠어. 꿍꿍이가 있어 수작을 부리는 거라고."

"맞아. 무슨 냄새가 나."

이들이 이렇게 말하는 것은 자신들의 학문이 더 뛰어남을 은연중에 과시하기 위해서였다. 그러던 어느 날, 자신들이 직접 선사에게 골탕을 먹이자고 계획해서는 암자로 찾아갔다. 선사를 보고는 예의를 차리는 척 이렇게 말했다.

"저희는 인근에 사는 선비들인데 스님께 가르침을 받고자 왔습니다."

"잘 오셨습니다. 자, 이리로 앉으시지요."

선사는 자리를 안내하고는 찻잔에 차를 가득 따라 선비들 앞에 놓아 주었다. 선비들이 차를 마시려고 하니 너무 뜨거워서 마실 수가 없었다.

"소승이 미련하여 물을 너무 뜨겁게 했구려. 여기 차가운 물이 있으니 부어서 식혀 드시지요."

그러자 선비들은 무시를 당한 듯해 불쾌감이 들었다. 한 선비가 선사에게 따지듯 물었다.

"스님, 이렇게 찻잔이 넘칠 듯한데 어떻게 찬물을 부어서 마실 수 있겠습니까?"

선사는 빙그레 웃으며 말했다.

"하하, 그렇습니까. 그런데 바로 그것입니다. 소승에게 배우러 왔다는 분들이 아집으로 가득 차 있는데 어찌 소승의 말이 먹히겠습니까. 진정으로 제 말을 듣기 원하신다면 먼저 마음을 비우셔야 합니다. 마음에 빈자리가 많을수록 많이 배울 수 있는 법이지요. 자만으로 가득한 마음은 찻물이 가득 들어 찬 찻잔과 같습니다."

선사의 말을 듣고 선비들은 부끄러워 고개를 들 수 없었다. 결국, 그들은 고개를 숙인 채 도망치듯 암자를 떠나고 말았다.

진정한 배움이란 지식뿐만 아니라 사람의 도리도 함께 배우는 것이다. 사람의 도리는 배우지 못하고 얕은 지식만 가득 채우면 행동거지가 가볍고 교만으로 가득 차게 된다. 진정한 배움의 의미를 깨닫게 하는 이 일화를 통해 배움의 가치를 잘 살펴 한 점 부끄러움이 없는 삶이 되어야 한다.

배움의 가치는
'아는 것'이 아니라 '아는 것을
도리에 맞게 행하는 데' 있다.
이를 모르는 사람들은
교만에 사로잡힐 수밖에 없다.

행하지 않고
도리를 모르는 배움은 거짓과도 같다.
그런 까닭에 무슨 일에 있어서든
도리에 맞게 행하고
겸손해야 하는 것이다.

15

상대를 향한 비난의 화살은
결국 자신에게 돌아온다

저 정도의 연주라면
우리나라에서는 어린아이도 합니다.

바흐를 무시한 음악가

자신과 상관없는 사람들을 비난하며 이를 즐기는 사람들이 종종 있다. 이런 사람들은 대개 열등감에 사로잡혀 있다. 상대를 헐뜯음으로써 자신의 부족함을 보상받고 싶은 것이다. 칼을 좋아하는 사람은 칼로 망하고, 돈을 좋아하는 사람은 돈으로 망하듯 비난도 마찬가지다.

바로크 시대를 대표하는 음악가이자 음악의 아버지로 불리는 바흐는 시도 때도 없이 자신을 비난하는 한 외국인 음악가로 인해 골머리를 앓고 있었다. 그는 실력도 없으면서 마치 위대한 음악가라도 되는 양 거들먹거렸다.

그러던 어느 날이었다. 그날은 바흐의 제자인 크라우제가 연주회를 하는 날이었다. 이때도 문제의 음악가가 참석하여 크라우제의 연주를 들었다. 연주회가 끝나자 그는 다음과 같이 말했다.

"저 정도의 연주라면 우리나라에서는 어린아이도 합니다."

이 말을 들은 바흐는 화를 삼키며 '두고 보자. 내가 너의 그 막말하는 버릇을 반드시 고쳐 주마' 하고 이를 갈았다. 어떻게 하면 그의 못된 버릇을 고칠 수 있을지 고심하던 차에 바흐의 친구이자 오르간 연주자인 요한 루트비히 쿠레프스가 찾아왔다.

바흐는 친구에게 사실대로 털어놓았다. 그러자 그는 주먹을 불끈 쥐며 말했다.

"무슨 그런 사람이 다 있어. 건방진 사람 같으니라고!"

바흐는 쿠레프스와 짜고 얄미운 외국인 음악가를 골려 주기로 했다. 방법은 간단했다. 쿠레프스가 마부의 옷을 입고 연주하는 것이었다. 이 사실을 모르는 외국인 음악가는 연주회에 초대되어 기쁜 마음으로 귀를 열고 연주를 감상했다. 연주를 듣는 표정이 사뭇 진지했다. 그 모습을 본 바흐는 슬며시 미소를 지었다. 자신의 생각이 적중했던 것이다. 그는 쿠레프스의 연주에 깊이 빠져들고 있었다.

연주가 끝나고 바흐가 회심의 미소를 지으며 그에게 다가갔다.

"오늘 연주는 어떠하셨습니까?"

"제가 상상했던 것보다 훨씬 좋았습니다."

외국인 음악가는 진지하게 대답했다.

"그렇습니까? 우리나라에서는 마부라도 보통 이 정도는 칩니다."

바흐의 능청스러운 연기에 외국인 음악가는 놀란 얼굴로 되물었다.

"그게 정말입니까?"

"네, 그렇습니다."

바흐의 말을 듣고 외국인 음악가는 그동안 자신이 최고인 척 비난을 일삼던 것이 얼마나 그릇된 일인지 깨닫게 되었다. 이후, 그는 바흐 앞에서 그 누구도 비난하지 않았다. 남을 비난하기 좋아했던 외국인 음악가의 코를 납작하게 해 준 바흐의 기지는 사람들의 가슴을 후련하게 한다.

이렇듯 자신을 과신하여 함부로 말하며 남을 비난하는 것은 화살이 되어 본인에게 날아든다. 그러니 남을 비난하기 전에 자신을 먼저 살필 줄 아는 사람이 되어야 한다.

진정으로 실력이 있는 사람은 자신이 말하지 않아도 남들이 먼저 안다. 익은 벼가 고개를 숙이듯 매사에 신중을 기하고 불필요한 말과 비난을 삼가야겠다.

상대를 얕잡아 보고 함부로 말하며
행동하는 이들을 종종 보게 된다.
그런데 그런 사람이 진짜 강자를 만나면
호되게 당하게 된다.
그러고 나면 다시는
상대를 얕잡아 보고 함부로 굴지 않는다.

상대를 존중하면 자기도 존경받지만,
상대를 얕잡아 보면 자신도
코가 깨진다는 것을
명심 또 명심해야 한다.

16

어떤 대우를 받느냐에 따라 인생이 달라진다

그것은 내가 나를 포기하지 않았기 때문이야.
나는 배우는 것을 좋아해 열심히 노력했고, 그 결과 선생님이 될 수 있었지.
내가 보기에 우린 반에는 단 한 명도 저능아가 없단다.
앞으로 나는 너희들이 공부를 다 따라잡을 때까지 가르치고 또 가르칠 거야.
선생님 말 무슨 뜻인지 알겠니?

제니스

한 사람을 놓고 무시할 때와 인정할 때는 결과적으로 놀라운 차이를 보인다. 자신이 무시를 당한다고 생각하면 누구나 분노로 가득 차게 된다. 그런 까닭에 무시를 당한 사람은 감정적 혹은 폭력적으로 변할 수밖에 없다.

반대로 상대에게 인정받는 듯한 느낌이 들면 기분이 한껏 고조된다. 인정은 타인으로부터 자신의 존재감을 부각시키기 때문이다. 인정받는 사람은 긍정적이고 역동적으로 변한다. 이처럼 무시와 인정의 차이는 빛과 그림자처럼 매우 선명하게 드러난다.

제니스는 아침부터 마음이 들떴다. 교사로서 첫 출발을 하는 날이었기 때문이다. 집을 나온 제니스의 발걸음은 구름 위를 걷는 듯 가벼웠다. 학교에 도착하고 나니 교사가 됐다는 것이 비로소 실감이 났다.

제니스는 자신이 준비한 대로 6교시까지 무사히 수업을 잘 마쳤다. 이제 마지막 7교시만이 남았다. 제니스가 교실을 향해 걸어가고 있을 때였다. 갑자기 우당탕하는 소리와 함께 아이들이 싸우는 소리가 들렸다. 그녀는 재빨리 교실로 뛰어갔다. 교실은 난장판이 되어 있었고 한 아이가 어떤 아이를 깔고 앉아 소리쳤다.

"이런 멍청이! 난 네 동생을 괴롭히지 않았다고."

제니스는 두 아이를 항해 소리쳤다.

"그만두지 못해? 어서 자리로 돌아가."

제니스의 말에 아이들은 서로를 노려보며 제자리로 돌아갔다. 그때였다. 다른 교사가 교실을 향해 소리쳤다.

"이놈들! 입 닥치고 선생님 말씀 좀 들어!"

순간 정적이 흘렀고 아이들은 더 이상 수군거리지 않았다. 제니스는 수업을 마치고 싸움을 일으킨 아이들을 자리에 남게 했다. 그중 한 아이의 이름은 마크였다.

"마크, 왜 싸웠는지 말해 볼래?"

"선생님, 저희는 저능아예요. 그러니 그냥 내버려 두세요."

마크는 이렇게 말하며 교실 밖으로 뛰어나갔다. 제니스는 눈앞이 캄캄해졌다. 어떻게 이 아이들을 가르쳐야 할지 난감해졌다. 제니스는 그 자리에 멍한 상태로 앉아 있었다.

"어때요? 아이들이 말을 잘 듣던가요?"

아까 교실에 들어와 아이들에게 소리쳤던 교사였다. 제니스는 말없이 고개를 끄덕였다.

"걱정 말아요. 지난여름 보충 수업 때 제가 그 애들을 가르쳐서 잘 알아요. 아마 그 반의 대부분은 졸업을 못 할 거예요. 그 애들 때문에 시간 낭비하지 말아요."

"그게 무슨 말이에요?"

제니스는 놀란 얼굴로 물었다. 동료 교사의 말에 의하면 반 아이들 대부분이 이민자 가정에서 태어났는데, 거의 공부와는 담을 쌓고 지낸다고 했다. 학교도 기분이 내킬 때만 온다고 했다. 그러더니 아이들이 말을 안 들으면 자기에게 보내라고 했다. 제니스는 그 말을 듣고 아이들을 그대로 두어서는 안 되겠다고 결심했다.

다음 날, 제니스는 아이들에게 말했다. 한때는 자신도 난독증으로 글을 쓰고 읽는 것조차 어려웠다고 말이다. 그러자 한 아이가 호기심 가득한 눈으로 말했다.

"그런데 어떻게 선생님이 되셨어요?"

"그것은 내가 나를 포기하지 않았기 때문이야. 나는 배우는 것을 좋아해 열심히 노력했고, 그 결과 선생님이 될 수 있었지. 내가 보기에 우리 반에는 단 한 명도 저능아가 없단다. 앞으로 나는 너희들이 공부를 다 따라잡을 때까지 가르치고 또 가르칠 거야. 선생님 말 무슨 뜻인지 알겠니?"

그녀의 말에 아이들의 눈빛이 반짝였다. 누구도 자신들에게 관심을 가져 주지 않았는데 제니스는 다르다고 생각한 것이다.

이후, 아이들의 태도는 180도로 달라졌다. 다들 공부에 관심을 가지고 열심히 배웠다. 제니스는 조금씩 변하는 아이들의 모습에 더욱 사명감을 가지고 가르치는 데 열정을 다 바쳤다. 그 결과, 열네 명의 아이들은 모두 학교를 졸업했고, 그중에서 여섯 명은 대학교에 진학했다.

저능아라고 부르며 아무도 관심을 주지 않아 제멋대로 자란 아이들이 인성을 갖춘 것은 물론이고, 배움의 가치까지 깨닫게 되자 제니스는 기쁨의 눈물을 감출 수가 없었다.

세월이 흘러 문제아였던 마크는 성공적인 기업가가 되었으며, 다른 아이들도 건실한 사회인으로 잘 살고 있다는 소식이 전해졌고 그녀는 진심으로 기뻐했다.

제니스는 아이들을 통해 교육이란 학문적인 가르침뿐 아니라 인성을 바르게 길러 주는 일임을 깨닫고 이를 평생의 교육 이념으로 삼았다.

이 이야기를 통해 우리는 아무리 문제아라 할지라도 관심과 사랑으로 가르치면 얼마든지 달라질 수 있다는 교훈을 얻을 수 있다.

상대를 무시하는 행위는 남녀노소 누구든 분노하게 만든다. 또한 그가 가진 능력을 소멸시킨다. 반대로 자신이 인정받는다고 생각하면 누구든 긍정적으로 변하고, 잠재되었던 능력을 계발함으로써 자신만의 길을 걷게 된다. '무시'와 '인정'은 한 사람의 인생을 극과 극으로 만든다. 이를 각별히 유념하자.

마음에 새기면 좋을 인생 포인트

상대를 무시하는 행위는 자신의 천박함을 드러내는 어리석음이다.
반대로 상대를 향한 인정은 자신의 인격을 드높인다.
무시는 한 사람의 인생을 지옥으로 만들지만, 인정은 한 사람의 인생을 천국으로 만든다.

벼랑 끝에 선 사람을 구한
어느 박사의 질문

이 정도라면 당신에게는 아주 훌륭한 자산이 남아 있는 것 아닌가요?
하지만 당신은 이런 자산을 두고 지금껏 절망만 하며 지내 왔군요.
제가 보기에 지금 당신은 아주 훌륭한 자산을 갖고 있습니다. 안 그런가요?

노만 빈센트 필

　　인생의 시련을 이기지 못하고 생을 마감하는 이들이 많다. 인생의 시련은 자신의 과오로 인해 찾아오기도 하지만, 상대방의 모략이나 공격으로 인해 발생하기도 한다.

　　특히 뜻하지 않게 찾아오기도 하는데, 그런 경우 어쩔 도리가 없다. 그것은 누구의 잘못도 아니고 숙명과도 같은 것이다. 그렇지만 시련을 당한 사람은 그렇게 생각하지 않는다. 자신이 못나서라고 생각한다. 그러다 보니 그 고통을 이기지 못하고 방황하다 최후의 선택을 하기도 한다.

　　하지만 그런 절망의 길에서도 희망은 있다. 시련의 고통에 빠져 이 사실을 잊지 않는다면 말이다.

얼굴에 희망의 빛이라고는 찾아볼 수 없는 50대 초반의 한 사내가 축 처진 모습으로 노만 빈센트 필 박사를 찾아왔다. 필 박사는 자기계발 전문가로 명성이 자자한 인물이었다.

"어떻게 오셨습니까?"

필 박사가 미소를 지으며 물었다. 필 박사는 사내가 입을 열기 전에 그의 모습을 보고 지금 많이 지쳐 있으며 초조해한다는 것을 짐작했다.

"저, 필 박사님을 뵈러 왔습니다."

그는 자신감 없는 목소리로 말했다.

"그러세요? 제가 빈센트 필입니다. 자, 이리로 앉으시지요."

필 박사는 그를 자리로 안내하며 자신도 소파에 앉았다. 사내는 사무실을 여기저기 둘러보며 초조함을 감추지 못했다. 필 박사는 그런 사내를 넌지시 바라보다 부드러운 목소리로 물었다.

"절 찾아온 이유를 말씀해 주시겠습니까?"

"저…… 저는 지금 모든 것을 다 잃었습니다. 이제 제게 남은 것은 아무것도 없습니다."

사내는 이렇게 말하며 금방이라도 눈물을 쏟을 듯한 표정을 지어 보였다.

"그래요? 혹시 그동안 선생님께 무슨 일이 있었는지 제게 말씀해 주실 수 있으십니까?"

필 박사는 그의 굳은 마음을 부드럽게 어루만지듯 최대한 친근하게 말했다. 사내는 크게 심호흡을 한 번 하고는 이야기를 꺼냈다.

그는 한때 사업을 크게 하며 인생의 기쁨을 누리며 살았다고 했다. 어떤 때는 이렇게 행복해도 되나 싶은 생각이 들어 두려울 정도였다고 했다.

그렇게 인생의 즐거움을 누리며 살던 어느 날, 뜻하지 않은 부도로 모든 것을 잃었다고 했다. 그 후 입버릇처럼 '나는 이제 끝이야', '내가 이렇게 산다는 것은 비겁한 일이야'라는 말이 흘러나왔다. 잘나갈 때는 연신 찾아오던 수많은 친구들도 발길을 끊었다. 그는 모든 것을 잃었다는 상실감보다 자신을 외면하는 듯한 사람들의 냉정한 태도에 마음이 더 아프다고 했다. 그러면서 사내는 말했다.

"나 같은 사람은 죽어 마땅하겠지요?"

"천만에요. 당신 나이에 죽는다면 너무 억울하지 않겠습니까? 당신에게는 남은 것이 정말 아무것도 없습니까?"

필 박사가 그를 진정시키며 물었다.

"네. 아무것도 없습니다."

"그래요. 그래도 남아 있는 자산이 있을 것입니다. 사람이든 사물이든 메모지에 한 번 적어 보세요."

"아무것도 없는데 무엇을 적으라는 말인가요?"

사내는 뚱한 표정으로 되물었다.

"무엇이든 적어 보세요. 당신 곁에 있는 것은 무엇이든지요. 부인은 아직 살아 계시지요?"

필 박사의 말에 이리저리 생각을 해 보던 사내는 대답했다.

"네. 그녀는 아주 훌륭합니다. 결혼한 지 30년이 지났지만, 이혼하자는 말을 한 번도 하지 않았습니다."

"그렇군요. 좋습니다. 그것을 적으세요. 아이들은 있습니까?"

"물론이지요. 셋이나 있는데 모두 똑똑합니다. 제 자식들은 저를 잘 이해해 주며 힘이 되어 주려 합니다."

"그것도 적읍시다. 그렇다면 친구는 몇 명이나 있나요?"

"사실, 좋은 친구가 몇 명 있어요. 하지만 그게 다 무슨 소용인가요."

"아닙니다. 그것도 자산이지요. 그러니 적으세요. 당신은 어떤 성격인가요? 혹시 양심에 가책을 느낄 만큼 잘못한 적이 있습니까?"

"저는 정직합니다. 항상 바르게 살아왔고, 양심을 더럽힌 일은 추호도 없습니다."

"그렇군요. 그것도 적으세요. 그럼 건강은 어떤가요?"

"아주 건강합니다. 병을 앓은 적이 없으니까요."

"그래요. 그럼 그것도 적어 보세요. 우리나라는 어떤 나라라고 생각하시나요? 제가 보기에 여전히 잘사는 나라이고, 좋은 기회를 잡기에 충분하다는 생각이 드는데요."

"맞습니다. 제 조국이라서가 아니라 정말이지 언제까지나 살고 싶은 생각이 드는 나라이지요."

사내는 이렇게 말하며 눈망울을 반짝였다.

"그렇군요. 그것도 적으세요. 그럼 하나님을 믿습니까?"

"네, 믿습니다. 하나님을 믿지 않았다면 아마 지금까지 살 수 없었을 거예요."

"그래요, 좋습니다. 그것도 적으세요. 자, 이제 지금까지 적은 것을 한번 볼까요."

필 박사의 말에 그는 메모지를 건네주었다.

지금 나에게 있는 것

1. 좋은 아내
2. 사랑스러운 세 아이들
3. 힘이 되어 주겠다는 친구들
4. 정직한 성품
5. 건강한 몸
6. 세계에서 가장 부강한 나라에서 살고 있는 것
7. 믿음을 가지고 있는 것

"이 정도라면 당신에게는 아주 훌륭한 자산이 남아 있는 것 아닌가요? 하지만 당신은 이런 자산을 두고 지금껏 절망만 하며 지내 왔군요. 제가 보기에 지금 당신은 아주 훌륭한 자산을 갖고 있습니다. 안 그런가요?"

필 박사는 그를 보고 웃으며 말했다. 사내는 필 박사의 말에 무언가를 깨달았다는 듯 대답했다.

"그러고 보니, 제게는 훌륭한 자산이 있었네요. 저는 왜 그 사실을 몰랐을까요."

"왜냐하면 당신에게 없는 것들만 생각했기 때문입니다. 이제 지나간 것은 다 잊으십시오. 그리고 지금 당신에게 있는 훌륭한 자산을 바탕으로 새로 시작해 보세요. 그러면 당신은 반드시 성공할 수 있을 것입니다."

"네, 잘 알겠습니다. 지금부터 저는 새로운 삶을 시작하겠습니다. 박사님, 정말 고맙습니다."

그가 활짝 웃으며 말했다.

"네, 꼭 그렇게 될 것입니다. 당신의 앞날을 축복합니다."

필 박사는 이렇게 말하며 그의 손을 꼭 잡았다. 다 죽을 것 같은 얼굴로 찾아왔던 사내는 기쁨의 얼굴을 띤 채 사무실을 나갔다.

이후 사내는 열심히 일한 끝에 전보다 더 많은 부를 축적하며 행복하게 산다고 연락을 해왔다. 그 소식을 듣고 필 박사의 입가에는 밝은 웃음이 피어났다.

모든 것을 다 잃고 '나는 죽어야 해. 나 같은 게 살아서 뭘 어쩌겠어'라는 말을 입버릇처럼 달고 살며 금방이라도 세상의 끈을 놓으려던 그가 재기할 수 있었던 것은 바로 '긍정'의 힘 덕분이었다.

만일 그가 절망의 길에서 필 박사를 만나지 않았다면 어떻게 되었을까. 극단적인 선택을 하게 되지는 않았을까. 하지만 다행히도 마지막 순간에 필 박사를 만나 희망의 불씨를 피워 새롭게 다시 태어났다.

부정적인 말과 생각, 태도는 자신을 소리 없이 죽인다. 이 점을 언제나 명심하자.

마음에 새기면 좋을 인생 포인트

아무리 힘들고 어려워도 하지 말아야 할 말이 있다.

바로 자신의 의지를 꺾는 말이다.

부정적이고 불행한 말은 자신을 옭아매는 덫과 같다.

자신을 절망으로 이끄는 부정의 덫에 걸리지 않게 항상 살펴야 한다.

그렇다. 항상 자신에게 용기를 주는 긍정적이고 희망적인 말만 하라.

18

믿음의 중요성을
깨닫게 한 말실수

아니, 이게 어떤 도자기인데……
지금 당장 우리 집에서 나가요! 꼴도 보기 싫으니.

조너선 스위프트

말을 함부로 하는 사람들 때문에 마음에 상처를 입는 사람들이 많다. 악의를 품고 함부로 하는 말은 독약과 같다. 설령 악의를 품지 않았다 하더라도 함부로 내뱉은 말은 상대에게 상처를 준다.

어떤 사람은 말로 인한 상처 때문에 분노를 절제하지 못해 상대에게 보복을 하기도 한다. 자신의 막말로 인해 보복을 당할까 두려워하면서도 여전히 함부로 말하는 사람들이 존재하는 것을 보면 참으로 아이러니하다.

막말하는 사람들을 보면 마치 그것을 즐기는 듯 보인다. 그들은 주변 사람들을 전혀 의식하지 않는데, 그렇지 않다면 그렇게 막무가내로 행동할 수 없을 것이다.

다음은 막말로 인해 반성의 계기를 갖고 믿음을 갖게 된 사례이다.

《걸리버 여행기》로 유명한 소설가 조너선 스위프트는 아일랜드에서 태어났다. 당시 아일랜드는 영국의 지배를 받았다. 한때, 아일랜드에 동전이 부족했던 적이 있었는데 그때 영국의 한 상인이 영국 정부로부터 동전을 만들 수 있는 주조권을 따내 아일랜드에 동전을 공급했다.

그러던 중 문제가 생기고 만다. 동전은 대부분 값싼 구리나 청동으로 만들어져서 아일랜드 국민들의 원성이 대단했다. 이를 보고 스위프트는 드레피어라는 가명으로 영국 정부를 신랄하게 비판하는 글을 신문에 투고했다.

이를 본 영국 정부는 드레피어라는 사람을 찾기 위해 혈안이 되었고, 어디에서도 찾을 수 없자 그를 두고 현상금 300파운드를 걸기에 이른다. 당시, 300파운드는 무척 큰 액수였다.

이때, 스위프트가 드레피어라는 사실을 알고 있는 사람은 그의 집에서 일하는 집사뿐이었다. 그가 스위프트의 글을 깨끗하게 정서正書했기 때문이다.

그러던 어느 날, 이 둘에게 문제가 생겼다. 집사가 일을 하던 중에 실수로 스위프트가 가보로 애지중지하던 도자기를 깨고 만 것이다.

"아니, 이게 어떤 도자기인데…… 지금 당장 우리 집에서 나가요! 꼴도 보기 싫으니."

스위프트는 화가 나서 막말을 퍼부었다. 집사는 큰 충격을 받고 그 길로 집을 나가고 말았다. 이후, 시간이 흘러 분노가 진정되자 스위프트는 정신이 번쩍 들었다. 집사가 폭언을 당한 앙갚음을 할까 봐 걱정이 되기 시작했다.

'아차, 내가 큰 실수를 했구나. 만약 그가 내가 드레피어라는 사실을 영국 정부에 알린다면 나는 어떻게 될까?'

이런 생각이 들자 스위프트는 두려움에 사로잡혀 며칠을 전전긍긍하며 지냈다. 입맛도 가시고 잠도 제대로 잘 수 없었다.

다행히도 경찰은 그를 잡으러 오지 않았고, 스위프트는 더 늦기 전에 집사에게 용서를 빌고 싶었다. 결국, 그는 가까스로 집사가 있는 곳을 알아냈고 떨리는 마음으로 집사를 찾아갔다.

"그동안 마음고생이 심했지요? 지난번 일은 내가 너무 심했어요. 사실 그동안 나도 마음이 편치 않았어요. 그래서 사과하려고 왔어요."

스위프트는 진심으로 사과했다.

"제가 실수로 소중한 도자기를 깨뜨렸는데 사과라니요. 이렇게 직접 오셔서 말씀하시니 제가 몸 둘 바를 모르겠습니다."

"그렇게 말해주니 내가 다 고맙군요."

집사에게 용서를 구한 스위프트는 한결 가벼워진 마음으로 집에 돌아왔다. 사실, 집사는 현상금을 타기 위해서라도 스위프트를 신고할 수 있었지만 그러지 않았다. 그 결과, 스위프트는 집사에 대한 자신의 경솔하고 저속한 행동을 깊이 반성하고 믿음의 중요성을 깊이 깨닫게 되었다.

요즘 우리 사회는 간혹 '막말 경연장'을 연상케 한다. 너도나도 입만 열었다 하면 막말이 우르르 쏟아져 나온다. 마치 브레이크가 고장 난 자동차처럼 위태위태하다.

막말하는 습관은 자신을 부끄럽게 만든다. 사람들에게서 인정받으려면 말을 할 때 듣는 상대의 입장에 서서 한 번 더 생각해보고 말하는 습관을 들여야 한다. 그렇게 하면 누구든 말실수를 줄일 수 있다.

마음에 새기면 좋을 인생 포인트

막말하는 사람은 인격을 의심받는다.
스스로 자신의 인격을 격하시키지 마라.
그것처럼 무지하고 어리석은 일은 없다.
그렇다. 자신의 인격을 높이고 싶은가.
그렇다면 언제 어디서나 품격 있게 말하고 행동하라.

19

칭찬은 크게 하고
허물은 감춰주는 것이 미덕이다

카루소, 울지 말거라. 너는 충분히 좋은 목소리를 가졌단다.
네가 열심히만 하면 반드시 훌륭한 가수가 될 거야.

엔리코 카루소 어머니

사람들 중에는 자신의 잣대로 남에 대해 함부로 말하는 이들
이 있다. 자신과 아무런 상관도 없으면서 '외모가 어떻다', '재주
가 미천하다' 등 마음대로 재단하고 평가한다.

그런데 자신은 그 사람만도 못한 경우가 많다. 그만큼 남 말하
기 좋아하는 사람은 열등의식이 강하다. 속이 꽉 찬 사람은 남에
대해 함부로 말하지 않는다. 그처럼 못난 일이 없다고 생각하기
때문이다. 속이 꽉 찬 사람은 남을 잘 칭찬하고 허물에 대해서는
함부로 말하지 않는다.

20세기 최고의 테너 가수로 평가받는 엔리코 카루소. 그는 이

탈리아의 가난한 집에서 태어났다. 그의 아버지는 작은 공장의 관리자로 일했다. 노래하기를 좋아했던 카루소는 늘 가수를 꿈꾸어 왔는데, 그의 아버지는 그를 공장에서 일하게 했다.

카루소는 공장에서 일하며 독학으로 노래를 연습했다. 어린 나이였지만 노래를 부를 때만큼은 한 마리의 나비가 된 듯 황홀했다.

그러다 하루는 자신의 노래를 평가받고 싶어 한 선생을 찾아가 이렇게 말했다.

"선생님, 저는 꿈이 가수예요. 제 노래 좀 들어 주시겠어요?"

"그래? 그럼 어디 한번 불러 보거라."

"네, 선생님."

카루소는 그동안 혼자 갈고닦은 노래 실력을 마음껏 발휘했다. 다 부르고 나자 선생이 알 수 없는 표정을 지으며 말했다.

"얘야, 너는 훌륭한 가수가 되기는 틀린 것 같구나. 네 목소리는 별로 좋지 않아. 그냥 다른 꿈을 찾아보는 게 어떻겠니?"

집으로 돌아온 카루소는 실망을 감추지 못하고 주저앉아 엉엉 울었다. 그 모습을 보고 어머니가 말했다.

"카루소, 울지 말거라. 너는 충분히 좋은 목소리를 가졌단다. 네가 열심히만 하면 반드시 훌륭한 가수가 될 거야."

"정말요, 엄마?"

"그럼, 정말이지. 그러니 그 선생이 했던 말은 싹 잊어버리렴."

"네, 엄마. 이제부터 더 열심히 하겠어요."

카루소는 어머니의 격려에 힘입어 열심히 노래 연습을 했다. 그러자 17세 때 카페에서 노래를 할 정도로 실력이 좋아졌고 그 덕에 정식으로 성악 레슨을 받게 되었다.

"카루소, 너는 훌륭한 목소리를 가졌구나. 앞으로 너는 크게 될 거야."

"감사합니다, 선생님. 열심히 노력하겠습니다."

선생의 칭찬에 카루소는 날아갈 듯 기뻤다. 그 결과, 카루소는 다양한 무대를 거치며 20대에 최고의 테너로 급성장하게 되었다. 1903년, 뉴욕의 메트로폴리탄 오페라 극장 개관 첫날 〈리골레토〉로 성공적인 데뷔를 하며 이름을 확실히 알렸다. 그야말로 카루소의 미래는 탄탄대로였다. 당시 그의 1회 출연료는 2,000달러로 지금으로 따져도 어마어마한 액수였다. 그의 노래를 한 번 듣기 위해서는 노동자의 한 해 연봉이 들었으며 가는 곳마다 관객이 구름처럼 몰려들었다. 대단한 성공이었다. 그를 능가하는 테너가 없다는 평을 들을 정도로 세계 최고의 테너가 되었다.

한 선생으로부터 악평을 들었던 카루소가 이처럼 보기 드문 성공을 거둔 것을 보며 무엇이 느껴지지 않는가. 훗날 카루소에게 악평을 한 선생은 최고가 된 그를 보고 어떤 생각을 했을까. 그가 바른 의식을 가진 사람이었다면 자신의 그릇된 평가를 깨닫고 경솔함에 가슴 치며 후회했을 것이다.

　남의 단점은 감추고 장점은 아낌없이 칭찬하는 자세를 가져야 한다. 그것이야말로 바른 의식을 가진 사람의 태도이며 자세이다.

마음에 새기면 좋을 인생 포인트

심지가 바르지 못한 사람은 매사를 삐딱하게 본다.
그러다 보니 남의 일에 함부로 말하고 평가한다.
이런 사람은 매사에 부정적이다.
남의 좋은 모습을 곱게 보지 못한다.
그것은 상대뿐 아니라 자신에게도 부정적으로 작용한다.
그러니 속히 그 허망한 의식에서 벗어나야 한다.
그것이 자신을 바르게 성장시키는 지혜이다.

당신의 입에서 나온
첫마디가 첫인상을 결정한다

야, 이놈아! 그렇게 해서 박살나겠니?

30대 중반의 멋진 여성

사람에게 있어 첫인상은 매우 중요하다. 사실, 첫인상은 3초에서 5초 사이에 결정된다고 한다. 눈 깜빡하는 사이에 이미지가 각인되는 것이다. 그런 까닭에 첫인상은 그 사람의 또 다른 이름이라고 해도 과언이 아니다. 첫인상이 좋으면 전체가 다 좋아 보이지만, 반대의 경우 전체를 다 부정하게 된다.

물론, 예외도 있다. 첫인상은 좋았는데 시간이 흐를수록 아닐 수도 있고, 반대로 첫인상은 좋지 않았는데 가면 갈수록 괜찮은 사람이라고 느끼는 경우도 있다. 다음은 이런 첫인상에 관한 한 사례이다.

미국 뉴욕의 한 호텔에서 성대한 파티가 열리고 있었다. 사람들은 경쟁이라도 하듯 멋진 옷과 보석으로 한껏 멋을 냈고, 실내는 화려한 장식으로 꾸며져 있었다. 사람들이 삼삼오오 모여 이야기를 나누고 있을 때였다.

30대 중반의 멋진 여성이 안으로 들어왔다. 그녀는 화려한 보석으로 장식한 드레스와 최고급 모피 코트를 입고 있었다. 손가락마다 다양한 보석 반지가 불빛에 반짝였고, 손목에도 각종 보석 팔찌가 채워져 있었다. 미모 역시 뛰어났다. 사람들의 눈은 일제히 그녀에게로 향했다.

"대체 저 여자는 누구이기에 보석으로 온몸을 칭칭 감았을까."

"우리하고는 비교도 안 될 만큼 대단한 여자인가 보네."

"어디서 온 여자일까. 나는 한 번도 본 적이 없는 여자인데."

"부럽다, 부러워."

사람들은 이렇게 말하며 그녀의 정체를 궁금해했다. 그러다 파티가 한창 무르익을 때쯤이었다. 한 아이가 갑자기 뛰어가더니 장식해 놓은 얼음 조각상을 밀치고 말았다. 그때였다. 사람들의 시선을 사로잡던 미모의 여성이 소리쳤다.

"야, 이놈아! 그렇게 해서 박살나겠니?"

그러자 큰 소리에 놀란 아이가 그만 울음을 터뜨리고 말았다. 그럼에도 여자는 아랑곳하지 않고 말을 이어갔다.

"아니 뭘 잘했다고 울어? 시끄럽게! 뚝 그치지 못해?"

그녀는 놀라서 우는 아이를 달래기는커녕 다시 거친 말을 퍼부었다. 결국, 파티장은 소란스러워졌고 사람들은 여자의 태도에 당혹스러워했다. 겉보기에 참으로 멋진 여자 입에서 어떻게 저런 상스러운 말이 나올 수 있을까 두 귀를 의심하며 실망을 감추지 못했다.

"생긴 것과는 다르게 완전 거치네요."

"그러게 말이에요. 너무 실망스러워요."

"겉모습만 보고 부러워했는데 그 말도 취소해야겠어요."

조금 전까지만 해도 그녀를 좋게 보던 사람들도 평가를 다시 내렸다. 무식한 여자가 어느 날 갑자기 졸부가 되어 돈으로 온몸을 치장했다고 여겼다.

그녀의 거친 말과 행동에 좋았던 이미지가 한순간에 깨지고 말았다. 이 사실을 모르는 것은 당사자인 그녀뿐이었다. 여자는 테이블을 옮겨 가며 사람들에게 아는 척했으나 반응은 시큰둥했다.

이미지는 곧 재산이다. 사람들에게 좋은 이미지를 심어 주는 것은 자신의 가치를 높이는 일이다. 여자는 뛰어난 미모에 누구나 갖고 싶어 하는 보석으로 치장했지만, 내면은 거칠고 투박했다. 그 결과 좋았던 이미지마저 한순간에 날려버리고 말았다.

반대로 볼품없는 외모에 값싼 옷을 입어도 말에 교양이 넘치고 행동이 바르면 그 사람에 대해 다시 생각하게 된다. 사람의 가치를 결정짓는 것은 멋진 외모와 보석이 아니라 그 사람의 품격 있는 말과 행동이다. 그러니 말 한마디도 신중히 하고 행동거지에도 흐트러짐이 없어야겠다.

───── 마음에 새기면 좋을 인생 포인트 ─────

말은 그 사람의 품격을 높이기도 하고 떨어뜨리기도 한다.
말을 교양 있게 하고 행동이 바르면 그 사람의 이미지는 저절로 상승한다.
반대로 말을 천박하게 하고 상스럽게 행동하면 그 사람의 이미지는 여지없이 무너져 내린다.
이미지 관리의 중요성이 바로 여기에 있다.
품격 있는 언행을 습관으로 들이면 적어도 자신의 이미지를 함부로 깎아내리는 일은 없을 것이다.

"

입 밖으로 나오는 순간
말은 엄청난 힘을 갖는다

"

21

생각을 어디에 두느냐에 따라
인생은 달라진다

아, 내 나이가 이제 쉰하고도 셋이로구나.
이제 2년 후에는 세상을 떠나겠지.
이를 어찌하면 좋단 말인가.

월여범

간혹 우리는 말의 노예가 되어 전전긍긍하는 이들을 보게 된
다. '점을 봤는데 곧 안 좋은 일이 생긴다더라', '사주를 봤는데
몇 살에 큰일이 있다고 하더라' 등의 말은 사람을 근심 걱정에
옭아맨다. 물론, 사람이기에 그럴 수도 있지만 이것은 자신의 나
약한 의지를 그대로 드러내는 어리석은 행위이다.

'모든 것은 생각에서 온다'는 말이 있다. 설령, 그런 말을 들었
다 하더라도 '나와는 무관한 일이야' 하고 금세 잊는다면 말 때
문에 전전긍긍하지 않아도 된다. 부정적인 말은 즉시 잊어버리
고, 긍정적인 말은 듣는 순간 마음에 새겨 실행한다면 어떨까.

중국 송나라 때, 월여범이라는 사람이 있었다. 그는 집이 가난하여 공부를 하지 못해 침을 놓으며 생계를 이어갔다.

그러던 어느 날, 한 노파로부터 이상한 말을 듣게 된다.

"자네는 벼슬을 할 관상이네. 지금 하는 일은 그만두고 어서 공부를 하게. 공부해서 과거를 보면 급제를 할 것일세. 하지만 벼슬을 해도 자식은 얻을 수 없으며, 쉰다섯 살에는 죽음을 맞게 될 것이네. 그래도 좋다면 지금 당장 공부를 시작하게."

월여범은 대수롭지 않게 여기려 했지만, 어쩐지 그날부터 열심히 학문에 정진하게 되었다. 이윽고 실력이 갖춰져 과거에 응시했는데 노파의 말대로 급제를 했다. 벼슬길에 오른 월여범은 하루하루가 너무도 행복했다.

그러던 중 정말이지 자식이 생기지 않았다. 월여범은 자신이 과거에 급제하여 벼슬길에 오른 것이나 자식이 생기지 않는 것을 두고 노파의 예언이 적중했다고 생각하게 되었다. 이윽고 세월은 흘러 그의 나이 쉰세 살이 되었다.

"아, 내 나이가 이제 쉰 하고도 셋이로구나. 이제 2년 후에는 세상을 떠나겠지. 이를 어찌하면 좋단 말인가."

월여범은 혼잣말로 중얼거리며 깊이 탄식했다. 죽을 날을 생각하니 맛있는 음식도, 좋은 옷도, 벼슬도 다 허무하다는 생각이 들었다. 그렇다고 당장 목숨을 끊을 수도 없어 하루하루를 근심과 걱정에 매여 보냈다. 그러다 보니 살도 빠지고 얼굴에는 웃음기

마저 사라졌다.

"이보게 무슨 안 좋은 일이라도 있는가?"

우울해하는 그의 모습에 친구가 물었다.

"없다네."

"그런데 왜 그런 얼굴을 하고 있는가. 점점 살도 빠지는 것 같은데."

친구는 고개를 갸웃거리며 물었다.

"입맛이 없어서 그렇다네. 별것 아니니 걱정 말게."

말은 그렇게 했지만, 사실 월여범의 속은 새카맣게 타들어 갔다.

그러던 어느 날, 우연한 계기로 절에서 하룻밤 묵게 되었는데 이때 자신의 고민을 스님에게 털어놓았다. 그의 말을 듣고 스님이 이렇게 말했다.

"이보게, 당신 같은 사람이 나랏일을 하니 나라가 이 모양이 아닌가."

"아니, 그게 무슨 말씀이십니까?"

스님의 말에 월여범이 깜짝 놀라며 말했다.

"그런 말도 안 되는 말에 매여 속을 끓이다니. 이처럼 어리석은 일이 또 어디 있는가. 그래서 하는 말일세."

월여범은 스님의 말을 듣고 다소 안도하며 물었다.

"스님, 그러면 걱정하지 않아도 된다는 말씀이십니까?"

"그렇다네. 그대가 그 말에서 벗어난다면 말일세."

"알겠습니다, 스님. 이제부터는 그 말에서 벗어나도록 하겠습니다."

"그렇게 하게. 그것이 그대가 사는 길이라네."

월여범은 스님을 만난 이후 그 전일은 모두 잊고 매사에 즐겁게 지냈다. 그랬더니 살도 다시 붙고 얼굴 혈색도 좋아졌다. 완전히 다른 사람이 되었다. 첩을 들여 자식을 두고, 높은 벼슬에도 올랐다. 그렇게 여든일곱까지 생을 즐기다 세상을 떠났다.

이 이야기는 우리에게 많은 생각을 하게 한다. 말의 노예가 되어 죽을 날만 기다리며 살던 월여범이 스님을 만나 긍정의 마음을 갖자 그의 삶은 완전히 변화되었다.

그가 노파의 말을 듣고 열심히 공부해 과거에 급제하여 벼슬길에 오른 것이 긍정이라면, 쉰다섯 살에 세상을 떠나게 된다고 믿어 애를 태운 것은 부정이다. 긍정적인 말은 긍정으로 받아들이고, 부정적인 말 역시 긍정적으로 생각하면 된다.

생각을 어디에 두느냐는 인생에서 매우 중요하다. 항상 긍정적인 방향으로 자신의 생각이 흘러가게 해야 한다.

잘못한 말 한마디 때문에
인생을 낭비하는 것처럼 어리석은 일은 없다.
말이 생각을 결정하는 것이 아니라
생각이 말을 결정한다.

긍정적인 인생이 되고 싶다면
긍정의 코드에 생각을 맞추어라.
이는 만고불변의 진리인 것이다.

22

모든 말과 행동은
마음먹기에 달렸다

물론이지. 단 그것을 의심해서는 안 되네.
할 수 있다고 생각하면 다른 생각은 하지 말아야 하네.

지혜로운 팀장

사람은 크게 두 부류로 나뉜다. 늘 '된다고 생각하는 사람'과
'안 된다고 생각하는 사람'이 그것이다. 된다고 생각하는 사람은
마음이 곧고 항상 밝다. 마음에 장애가 없다. 반대로 늘 안 된다
고 생각하는 사람은 감정의 기복이 심하고 늘 우울하다. 마음의
장애가 있기 때문이다.

문제는 마음에 장애가 있는 자신에게 문제가 있다는 사실을
모른다는 점이다. 그렇다 보니 매사에 안 되는 쪽으로만 생각하
게 된다. 이런 사람과 같이 있으면 긍정적인 사람도 마음이 흔들
리기 쉽다.

마음의 장애는 반드시 고쳐야 한다. 본인이 고치기 힘들면 주

변의 도움을 받아서라도 고쳐야 한다. 그래야 올바른 인생관을 가지고 살아갈 수 있다.

미국의 한 기업에 '안 돼요'라는 별명을 가진 이가 있었다. 그의 입에서는 언제나 '그것은 안 됩니다', '그 일은 해 보나 마나 실패할 게 뻔합니다'라는 말이 흘러나왔다.

그러던 어느 날, 회사의 중요한 프로젝트가 있어 회의를 하고 있을 때였다. 기획자의 말을 듣고 그가 대뜸 이렇게 말했다.

"잠깐 그 문제에 대해 다시 생각해 봅시다. 과연 말씀하신 대로 다 잘될까요? 제 생각에 실행보다는 예상 문제를 먼저 살펴보는 것이 좋을 듯합니다."

일도 시작하기 전에 김빠지는 소리를 아무렇지도 않게 하는 그가 기획자는 매우 못마땅했다. 그래서 그의 코를 납작하게 만들어 주려는데, 마침 부서 내에서 존경받는 지혜로운 팀장이 입을 열었다.

"자네는 언제나 가능성보다는 안 되는 쪽으로 생각하는구먼."

"현명하려면 언제나 현실적으로 생각해야 하기 때문입니다. 본 기획에 몇 가지 문제가 있는 것은 사실이니까요. 그것을 알고도 추진하려 한다면 어떤 대안이 있어야 하지 않겠습니까?"

"간단하네. 나는 그런 요소를 제거할 생각이네. 다시 말해 자네가 문제라고 생각하는 것을 말일세. 그런 다음에는 그것을 잊을 걸세."

팀장이 태연하게 말했다. 그러자 그가 다시 목소리를 높여 말했다.

"팀장님 말씀대로 그것이 잘되리라는 보장은 없지 않습니까. 문제를 제거한 뒤 잊는다고 하셨는데 그렇다면 그에 대한 다른 방안이 있다는 말씀이신가요?"

"물론 있지. 반드시 해내고야 말겠다는 사람들은 어떤 문제라도 해결하며 그럴 수 있다고 확신한다네."

팀장은 이렇게 말하며 지갑을 꺼냈다. 그리고 지갑 속에 들어 있던 메모지를 꺼내 테이블 위에 올려놓고 말했다.

"자, 거기에 적힌 내용을 한번 읽어 보게. 그것이 나의 방법이라네. 나는 모든 것을 경험에서 배운다네."

팀장의 말을 듣고 그는 메모지를 들어 읽기 시작했다.

'내게 능력 주시는 자 안에서 내가 모든 것을 할 수 있느니라.'

그가 읽은 것은 신약 성경 빌립보서 4장 23절에 있는 말씀이었다.

"지금껏 살아오면서 여러 가지 어려움도 겪었지만, 그 말씀에 의지해 극복해 왔네. 자네도 그 말씀을 마음에 새기고 실천해 보게. 그것이 바로 문제를 제거하고 해결하는 방법이라네."

팀장은 이렇게 말하며 미소 지었다.

"과연 그럴까요? 이 말씀을 마음에 새겨 실천하면 문제를 해결하는 데 도움이 될까요?"

조금 전과는 달리 그가 매우 진지하게 물었다.

"물론이지. 단 그것을 의심해서는 안 되네. 할 수 있다고 생각하면 다른 생각은 하지 말아야 하네."

팀장의 말을 듣고 그는 고개를 끄덕였다. 이후, 입버릇처럼 안된다는 말만 하던 그의 입에서는 '하면 된다'는 말이 쏟아져 나왔다. 그의 달라진 모습을 보고 팀장은 무척 흐뭇해했다.

부정적인 사람도 얼마든지 긍정적인 사람으로 변할 수 있다. 사람은 누구나 자신의 생각을 바르게 변화시킬 필요가 있다. 그래야 지금보다 더 나은 인생을 만들어 갈 수 있다. 부정적인 생각 때문에 혹은 자신감이 없어 전전긍긍하고 있다면 그 생각 자체를 확 바꿔야 한다.

'나는 할 수 있다.'

'내가 하면 반드시 된다.'

'나는 잘될 수 있다.'

이 얼마나 에너지 넘치고 역동적인 말인가. 늘 역동적으로 말하고 행동하라.

사람은 누구나
자신을 개선할 능력을 갖추고 있다.
지금은 부정적이고 두려움에 가득 차 있어도
생각을 바꾸기만 하면
긍정적이고 자신감 넘치는 사람이 될 수 있다.

항상 잘되는 쪽으로 생각하고
믿으며 행동하면 그대로 된다.
모든 것은 자신이 생각하기에 달려 있다.

입 밖으로 나오는 순간
말은 엄청난 힘을 갖는다

맹세코 아닙니다.
만일 소신이 그런 목적으로 왔다면
소신의 자손은 반드시 눈이 멀 것입니다.

성석린

사과 씨를 심으면 자라서 사과나무가 되지 배나무가 되는 법은 없다. 말도 마찬가지다. 말을 조심해야 하는 이유도 말 속에는 씨가 들어 있기 때문이다. 말을 하면 그대로 자신에게 되돌아온다. 내가 친절한 말을 하면 친절한 말이, 악담을 하면 고스란히 자신에게 다 돌아온다.

이방원이 이방석 등 형제들을 죽이고 왕위에 오르자 아버지 이성계는 모든 것을 다 버리고 함흥으로 떠난다. 태종이 된 이방원은 권력 욕심에 눈이 어두워 해서는 안 될 천륜을 저버렸다. 권력이란 부모, 자식 간에도 나누지 않는다는 말이 있듯 참으로 무섭고 달콤한 유혹이다.

태종은 패륜아가 된 것을 만회하기 위해 조정의 대신들을 함흥으로 보내 아버지의 마음을 돌리고자 했으나 이성계의 분노는 여전했다. 이때, 태종의 친구인 성석린이 나서서 말했다.

"전하, 소신이 상왕 전하를 찾아뵐까 합니다."

"그게 정말인가? 그렇게만 해 준다면……. 그럼 그대가 아버님께 다녀오시게. 잘 부탁하네."

성석린은 베옷을 입고 함흥으로 갔다. 함흥에 도착한 그는 길손처럼 꾸미고 말에서 내려 유숙하는 척했다. 마침 이 광경을 본 이성계가 사람을 보내 누구인지 알아보라고 했다. 이성계가 보낸 사람이 다가와 연유를 묻자 그는 길을 가다 날이 저물어 하룻밤 유숙하려 한다고 답했다.

결국 이성계는 그를 집으로 불러들였고, 자신의 계획대로 되어 가고 있다는 생각에 성석린은 몰래 미소를 흘렸다. 이성계가 그에게 물었다.

"그래, 그대는 어디서 왔는가?"

"한양에서 왔습니다."

한양에서 왔다는 말에 이성계는 반가워하며 많은 이야기를 나누었는데, 말끝에 성석린이 '부자 관계는 천륜인데 끊을 수 있겠습니까?' 하자 이성계가 대노하여 말했다.

"네, 이놈! 방원이를 위해 나에게 온 것이냐?"

"아닙니다."

성석린이 사색이 되어 말했다. 자칫하면 이성계의 칼에 목이 날아갈 판이었다.

"이놈이 그래도 거짓을 고해!"

이성계의 서슬에 놀란 성석린은 덜덜 떨며 말했다.

"맹세코 아닙니다. 만일 소신이 그런 목적으로 왔다면 소신의 자손은 반드시 눈이 멀 것입니다."

성석린의 단호한 말에 이성계는 노여움을 풀었다. 이후, 이성계는 아들 방원을 용서하고 가슴에 맺힌 한을 풀었다.

그런데 그 일이 있고 나서 성석린의 아들들은 모두 눈이 멀었다고 한다. 성석린이 다급하여 한 말이 씨가 된 것이다.

이 이야기를 통해 말이란 참으로 무섭다는 것을 새삼 깨닫게 된다.

이처럼 말이란 어떤 상황에서도 함부로 해서는 안 된다. 말은 한 번 입 밖으로 나오면 절대로 주워 담을 수 없다. 할 말, 안 할 말을 잘 가려서 하는 것 역시 지혜임을 잊지 말아야겠다.

말은 입 밖으로 나오는 순간 힘을 갖는다.
그 힘을 바로 쓰면
그보다 더 좋은 것이 없겠으나,
자칫 잘못 쓰는 날에는
비수의 칼날이 되어 상처를 준다.

그 상처는 목숨을 위태롭게 하기도 하고,
비극적인 결말을 맺게 하기도 한다.
말의 힘을 바로 써서 상대에게 힘을 주고,
꿈을 주고, 용기를 주고, 자존감을 세워 주는
살아 있는 말만 해야 할 것이다.

고객에게 폭언한 직원을
일등 직원으로 변화시키다

실례가 될 줄 알면서도 자네처럼 모범적인 직원이
왜 그런 실수를 했는지 미리 알아보았다네.
백화점 일하랴, 어머니 병간호하랴 자네도 많이 피곤했을 거야.
그러니 며칠 휴가를 받고 쉬면서 어머니를 보살펴 드리게.
자, 얼마 안 되지만 받아 두게.

존 워너메이커

아랫사람을 잘 다루는 사람은 대개는 뛰어난 인품을 지녔다.
그 결과, 늘 아랫사람들부터 존경을 받는다. 반대로 아랫사람이
잘한 일은 당연하게 여기면서 잘못은 용납하지 않으며 철저하
게 문책하는 이도 있다. 그러다 보니 아랫사람들로부터 원성을
사게 되고 그로 인해 비난의 대상이 되기도 한다.

사람이라면 누구나 실수하고 잘못을 한다. 중요한 것은 자신
의 잘못을 반성하고, 같은 잘못을 반복하지 않는 것이다.

다음은 아랫사람의 잘못을 너그럽게 감싸 줌으로써 그를 좋
은 사람으로 변화시킨 미담이다.

미국인들에게 친절의 대명사로 불리는 존 워너메이커는 열네 살에 서점의 점원으로 시작해서 훗날 백화점 왕으로 불린 입지 전적인 인물이다. 그가 그렇게 될 수 있었던 것은 '친절'과 '성실' 이라는 무기 덕분이었다. 그는 이 두 가지를 바탕으로 성공을 거두었다. 지금 하려는 이야기도 그가 백화점 사장으로 있었을 때의 일이다.

어느 날 백화점으로 투서가 날아들었다. 글에는 백화점 직원 중에 한 명이 자신에게 폭언을 했다는 고객의 항의가 담겨 있었다. 내용으로 보아 고객은 매우 흥분한 상태로 짐작되었다. 워너메이커는 해당 직원을 자신의 방으로 불렀다. 잠시 후, 부름을 받고 직원이 사무실로 들어왔다.

"어서 오게. 자, 거기 앉게나."

직원은 워너메이커의 부드러운 모습에 긴장이 풀렸다. 그의 입장에서는 문책을 당할 각오로 온 것인데 자신을 대하는 사장의 태도가 따뜻하고 한없이 부드러워 조금은 당혹스럽기도 했다.

"어떤 고객으로부터 자네가 욕을 했다는 투서가 날아들었는데 그게 사실인가."

"네, 사장님 그게⋯⋯. 그분이 너무나 말도 안 되는 요구를 했는데 들어주지 않자 심한 욕을 하며 제게 모욕감을 주었습니다."

직원은 사실대로 말했다.

"그랬군. 그런데 고객에게 그렇게 하고 나니 기분이 어떻던가. 통쾌하던가?"

워너메이커가 빙그레 웃으며 말하자 직원은 겸연쩍어하며 말했다.

"아닙니다. 그러고 나니 저 역시 기분이 좋지 않았습니다. 저라도 그러지 말았어야 했는데…… 죄송합니다, 사장님."

직원은 이렇게 말하며 용서를 구했다. 그때였다. 워너메이커가 물었다.

"자네 어머니 병환은 좀 어떠신가?"

"네? 사장님께서 그걸 어떻게……."

워너메이커의 물음에 직원은 깜짝 놀라 되물었다.

"실례가 될 줄 알면서도 자네처럼 모범적인 직원이 왜 그런 실수를 했는지 미리 알아보았다네. 백화점 일하랴, 어머니 병간호하랴 자네도 많이 피곤했을 거야. 그러니 며칠 휴가를 받고 쉬면서 어머니를 보살펴 드리게. 자, 얼마 안 되지만 받아 두게."

워너메이커는 문책은커녕 휴가에다 보너스까지 주었다.

"사…… 사장님, 정말 감사합니다. 그리고 두 번 다시는 이런 불미스러운 일이 없도록 하겠습니다."

직원은 너무도 감격하여 말까지 더듬거리며 말했다.

"알겠네. 나도 자네가 꼭 그럴 것이라고 믿네. 그럼 이만 가보게."

워너메이커는 직원의 등을 두드려 주며 말했다. 이후, 그는 누구보다도 친절하고 성실한 직원이 되어 동료들은 물론 고객들로부터 칭찬이 자자했다. 나중에는 승진의 승진을 거듭하며 일급 직원이 되었다.

만일 워너메이커가 문책을 하고 그를 해고했다면 어떻게 되었을까. 무한한 발전 가능성을 지닌 직원을 영영 잃게 되지 않았을까. 당신이라면 이런 경우 어떻게 하겠는가. 워너메이커처럼 윗사람으로서 잘못 너머에 있는 배경을 살펴 현명하게 대처할 수 있겠는가. 이를 계기로 워너메이커처럼 자애로운 사람이 되어 보면 어떨까. 물론, 이것은 당신이 선택해야 할 과제이다.

마음에 새기면 좋을 인생 포인트

부당한 경우에라도 상대를 비난하고 똑같이 막말하는 것은 현명하지 못한 태도이다. 그럴 때일수록 침착하게 대처해야 한다.
상대의 잘못을 바로잡고 원하는 바를 얻으려면 인내심을 가지고 정당하게 대처해야 한다. 그러면 상대로부터 사과도 받을 수 있고 결국은 자신에게도 유익을 가져다준다.

비난을 통해
인생을 재발견하다

제임스 실드는 '얼빠진 정치가'다.

에이브러햄 링컨

　성공한 인물들 중에는 결점으로 인해 곤경에 처했던 이들이 의외로 많다. 그들은 자신이 한 말이나 행동으로 인해 최후의 순간까지 갔다가 천만다행으로 위기를 모면하고, 그것을 계기로 훌륭한 인품을 지니게 되었다.

　이를 보면 인간은 완벽한 존재가 아니라 허점을 가진 나약한 존재임을 알 수 있다. 물론, 자신의 허점을 통해 인생을 재발견함으로써 새로운 인생을 사는가 하면 문제점을 개선하지 못해 후회로 가득한 인생을 사는 이도 있다.

　미국에서 가장 존경받는 대통령으로 손꼽히는 에이브러햄 링컨은 그 누구보다도 인생의 굴곡이 많았다.

그의 아버지 토머스 링컨은 잉글랜드 출신의 이민자로 농장에서 일을 하며 생계를 유지했다. 그로 인해 링컨은 궁핍한 어린 시절을 보내며 가난의 고통을 짊어진 채 살아야 했다.

한때 그는 가게 점원과 선원으로 일하기도 했으며 사업의 실패, 상원의원 선거, 부통령 선거 등에서 수차례 실패와 낙선을 경험하기도 했다.

그는 따뜻한 인간미를 지녔음에도 비난을 예사로 했다. 청년 시절, 자신의 마음에 들지 않으면 맹목적으로 비난했는데 편지와 시를 써서 상대를 비난한 적도 있었다.

다음은 그가 비난을 계기로 인생의 전환점을 마련하게 된 일화이다.

변호사 시절, 링컨은 자신의 정적인 아일랜드 정치가 제임스 실드를 '얼빠진 정치가'라고 〈스프링필드 저널〉에서 강하게 비판했다. 자존심이 상할 대로 상한 제임스 실드는 자신을 향한 비난의 잘못된 점을 시정해 줄 것을 링컨에게 요구했다.

하지만 링컨은 그의 요구를 한마디로 잘라 거절했다. 링컨의 비난이 자신의 정치 생명에 미치게 될 악영향에 불안해진 제임스 실드는 자신의 결백을 증명하기 위해 목숨을 걸고 도전장을 던졌다.

링컨은 싸울 의사가 없었지만, 싸움을 피할 경우 비겁한 사람으로 보일 것을 염려해 조언까지 들어가며 칼싸움을 배워 결투장에 섰다.

결국, 두 사람은 미시시피강 백사장에 마주 서게 되었다. 이때, 제임스 실드는 링컨에게 복수하려는 마음으로 기세등등했지만 링컨은 여전히 싸우고 싶지 않았다. 싸움에 자신이 없었던 것이다.

이때, 천만다행으로 그들의 비범함을 잘 알고 안타까워하던 입회자(당시 결투를 증명하는 사람)의 간곡한 만류로 자칫 목숨을 잃을 수도 있는 싸움을 중단하게 된다.

링컨은 이를 계기로 비난이 상대와 자신에게 얼마나 무익한지 분명히 알게 되었다. 이후 링컨의 삶은 완전히 바뀌었다. 링컨은 상대를 비난하는 대신 칭찬과 격려를 아끼지 않기로 결심했다. 그러자 작은 일에도 칭찬하고 격려하게 되었다. 링컨은 자신에게 도전하는 정적들을 언제나 배려하고 관대하게 대함으로써 상대의 지지를 끌어냈다. 그러자 사람들은 따뜻한 인간미를 지닌 그를 훌륭한 인격자라 일컬으며 존경했고, 마침내 그는 미국 역사상 국민들의 존경과 찬사를 한 몸에 받는 최고의 대통령이 되었다.

링컨처럼 훌륭한 인격자도 한때는 비난을 일삼던 허점투성이였다. 그랬던 그가 죽음의 문턱에서 비난의 무익을 깨닫고 상대를 칭찬하고 격려하자 새로운 인생이 시작되었다.

비난의 무익함에 대해 탁월한 자기계발 전문가인 데일 카네기는 다음과 같이 말했다.

"비평은 무익한 것이다. 그것은 사람을 방어하도록 만든다. 그리고 그가 스스로를 합리화하도록 만든다. 그래서 비평은 위험한 것이다. 왜냐하면 그것은 사람의 자존감을 상하게 하고, 감정을 해치고, 분개심을 일으키기 때문이다."

그렇다. 비난은 무익하며 상대에게 상처를 준다. 또한 상대를 기분 나쁘게 하고 인격을 파괴하는 바이러스와 같다. 이를 각별히 유념해야 하겠다.

마음에 새기면 좋을 인생 포인트

에너지를 소모시키는 비난은 자신은 물론 상대방에게도 고통을 유발함으로써 관계의 단절을 가져온다.
비난은 자신의 열등의식을 해소하기 위한 수단일 뿐 백해무익하다.
그런 까닭에 어떤 일에 있어서도 비난을 삼가고 경거망동하지 말아야 한다.

26

거친 말과 폭력은
자녀를 폭군으로 만든다

야, 이 멍청한 녀석아. 그럴 거면 나가 죽어버려!

히틀러 아버지

부모의 인생이 자녀에게 미치는 영향은 실로 엄청나다. 부모의 인품이 뛰어나면 자식 역시 올바른 인성을 가지고 자란다. 부모가 인생의 교과서로 부족함이 없기 때문이다. 반대로 부모의 인품이 포악하고 언행이 거칠면 자식 역시 거칠고 포악한 삶을 살아가게 된다.

부모의 역할이 잘 먹이고 잘 입히는 데만 있다고 여긴다면 그 생각 자체를 바꿔야 한다. 그것은 기본적인 역할이지, 중요한 것은 사람답게 살아가는 법을 가르치는 인성 교육이다. 사람답게 사는 것, 그것이 참된 교육의 지표이며 부모로서 제1의 역할이다.

인류 역사상 최악의 폭군, 전쟁광으로 손꼽히는 아돌프 히틀러. 그는 제2차 세계 대전을 일으켜 무수히 많은 인명을 살상했다. 특히 600만 명이 넘는 유대인이 그의 무자비한 살상으로 인해 희생되었다. 아우슈비츠 수용소의 가스실은 생지옥의 상징으로 어느 역사에서도 찾아볼 수 없는 희대의 비극이다.

사실, 히틀러가 악인이 된 데는 선천적 요인보다는 후천적 요인이 더 많다. 그의 아버지는 술주정뱅이에다가 흉포한 사람으로 툭하면 심한 욕설과 폭력을 일삼았다.

"야, 이 멍청한 녀석아. 그럴 거면 나가 죽어버려!"

아버지의 상습적인 욕설과 폭력으로 히틀러는 늘 우울한 얼굴을 하고 지냈다. 그러다 보니 아버지를 증오하게 되었고, 강압적으로 실업계 학교에 진학한 뒤로는 정도가 더 심해졌다. 반항을 일삼고 자기중심적으로 변해 갔다.

이처럼 폭력은 폭력을 낳는다. 폭력을 겪으며 성장한 이들은 자신이 당한 것과 똑같은 폭력을 휘두른다. 폭력으로 인해 몸과 마음이 병들었기 때문이다. 자신도 모르는 사이에 무의식적으로 폭력에 물들게 된 것이다. 그러다 나중에는 그것이 잘못인지조차 모르게 되고, 심한 경우 자신의 만족을 위한 일종의 즐거운 게임처럼 생각하게 된다.

히틀러는 아버지와 어머니가 세상을 떠나자 고아 연금으로 살았다. 그러는 와중에 자신의 꿈인 화가의 길을 걷기 위해 미술

학교에 지원했지만 두 번이나 떨어졌다. 이후, 실직자 생활을 하며 지내다 군에 입대를 하고 군 복무 후 나치당에 입당하여 우여곡절 끝에 총리를 거쳐 일당 독제체재를 확립한 후 권력을 장악했다.

총통이 된 그는 자신의 뜻을 펼치기 위해 선동을 하고 그 과정에서 수많은 정적을 살상했으며 제2차 세계 대전을 일으켰다. 그러다 연합군에 의해 패배한 뒤 권총으로 자신을 쏴 생을 마감했다. 그의 삶은 피로 얼룩진 역사이며, 인간성을 상실한 희대의 살인마로 영원히 오명을 남기고 말았다.

히틀러가 어머니의 사랑은 많이 받았는지 모르겠지만, 난폭한 아버지로 인해 폭력에 시달리며 인간에 대한 예의와 존엄성에 대해 점점 무감각해진 것만은 확실하다. 그것은 자신과 더불어 인류 역사에 너무도 비극적인 일이었다.

거친 말과 폭력은 자녀를 야수로 만든다. 대상이 누구든 비인격자로 만든다. 이것이 폭언과 폭력을 절대 삼가야 하는 이유이다.

이탈리아의 독재자 무솔리니 역시
폭력적인 아버지 밑에서
폭언과 폭행을 당하며 자랐다.
그 결과 아버지의 폭언과 폭행에 의해
폭력적인 성격을 갖게 되었다.
그는 자신과 뜻이 맞지 않으면
모조리 살상했으며
전쟁을 일으켜 많은 사람을
죽음으로 몰아갔다.

폭언과 폭행은
선한 사람도 악인이 되게 한다.
거친 말과 행동은
모두를 불행하게 만드는
삶의 악이다.

27

오만함을 반성하고
청백리의 삶을 살다

고개를 숙이면 부딪치는 법이 없습니다.

무명선사

사람은 누구나 살면서 잘못을 저지른다. 중요한 것은 잘못 이
후의 태도이다. 자신의 잘못을 깊이 뉘우치고 새로운 사람으로
거듭나는 사람이 있는가 하면, 제 버릇 개 못 준다는 말처럼 평
생을 그렇게 사는 사람도 있다. 자신을 돌이켜 아는 사람은 현재
보다 나은 삶을 지향하게 되지만, 그렇지 않은 사람은 과거 지향
적인 삶을 살 수밖에 없다.

사람의 도리는 자신을 살핌으로써 잘한 것과 그렇지 못한 것
을 분별하여 그에 맞게 행하는 데 있다. 잘한 것은 더 잘하게 하
고, 잘못한 것이 있다면 반드시 고쳐야 한다. 그렇지 않으면 동
물의 삶과 다를 바가 없다.

조선 시대 황희 정승과 더불어 청백리의 삶을 실천함으로써 역사의 귀감이 되는 명재상 맹사성. 그는 성격이 소탈하고 겸손하여 외출할 때는 말 대신 소를 즐겨 탔으며, 아랫사람이 찾아와도 예를 갖춰 맞았다. 손님에게 상석을 내주었다는 일화도 있어 그의 성품이 어떠했는지 극명하게 보여 준다.

맹사성은 검소하고 사심이 없어 가난을 당연하게 여기며 살았다. 그가 세상을 떠났을 때 집에 남아 있는 것이라고는 책과 밥그릇 몇 개가 전부였다고 하니 얼마나 욕심이 없었는지 짐작이 된다.

그런 청백리 맹사성도 젊은 시절에는 우쭐한 마음으로 지낸 적이 있었다. 그가 약관의 나이에 파주 군수로 있을 때의 일이다. 그는 배움을 청하기 위해 한 무명선사를 찾아갔다.

"스님께서 생각하시기에 고을을 다스리는 사람으로서 갖춰야 할 좌우명은 무엇이라 생각하시는지요?"

그러자 무명선사는 나쁜 일을 하지 않고 착한 일을 많이 하면 된다고 말했다. 그러자 맹사성은 그것은 누구나 다 아는 이치인데 먼 길을 달려온 자신에게 할 말이 그것뿐이냐며 다그쳤다. 그러자 스님은 빙그레 웃으며 자리에서 일어나려는 맹사성을 녹차나 한잔 하고 가라며 붙잡았다.

스님은 앞에 앉은 맹사성의 찻잔에 찻물이 넘치도록 따랐다. 그것을 본 맹사성이 소리쳤지만, 아랑곳하지 않고 계속해서 찻물을 따랐다. 그러더니 화가 나 있는 맹사성에게 말했다.

"찻물이 넘쳐 방바닥을 적시는 것은 알면서 어찌 지식이 넘쳐 인품을 망치는 것은 모르시오?"

이때, 스님의 말에 무안해진 맹사성은 급히 방을 나가려다 문에 머리를 심하게 부딪쳤고, 그 모습을 본 무명선사는 넌지시 웃으며 말했다.

"고개를 숙이면 부딪치는 법이 없습니다."

맹사성은 무명선사가 한 말을 마음속 깊이 새겨 반성했다. 이후, 그는 누구에게나 겸손하게 말하고 겸허하게 행동함으로써 널리 존경받는 명재상이 되었다.

맹사성처럼 뛰어난 인물도 자신의 실력을 믿고 오만하게 행동하는 것을 보면 부와 명예, 권력을 손에 쥐면 자신을 망각하는 듯하다.

이처럼 인간은 어리석은 존재이기에 항상 깨우침을 통해 인간다움을 갖춰 가야 한다. 깨우침을 얻은 사람은 알찬 인생을 살고, 그렇지 못한 사람은 무의미하게 살다 갈 수밖에 없다.

모름지기 '앎'이란 많은 지식을 품는 것이 아니라, 깨우침을 통해 많은 것을 깨달아 아는 것이다. 인품을 높이고 덕을 널리 쌓는 것이야말로 진정한 '앎'이다.

사람은
평생을 배우며 사는 존재이다.
배움을 통해 꾸준히 깨달음을 얻는다면
삶의 진정한 가치를 알게 되고,
품격 있는 삶을 살아갈 수 있다.

그렇다.
배움은 때가 없으니
언제나 배움을 소중히 하라.
배우는 자가
진정 지혜로운 사람이다.

다툼은 대개 가벼운
말장난에서 시작된다

자네가 저 친구에게 곰이라고 불렀나?
사실, 자네는 저 친구가 곰처럼 생겨서 곰이라 부른 게 아니네.
자네 마음속에 곰과 같은 마음이 도사리고 있어 그렇게 부른 것이라네.
그리고 자네는 저 친구를 원숭이라고 불렀지?
역시 자네 마음속에 원숭이 같은 마음이 있어
저 친구가 자네 눈에는 원숭이처럼 보인 것이네.

레프 톨스토이

간혹 가다 우리는 이름을 두고 별명을 부르는 경우가 있다. 이때, 별명은 그 사람의 외적인 특징이나 상징성을 부각해 잡는 경우가 대부분이다. 이때, 듣기 좋은 별명이나 들어서 괜찮다 싶은 별명은 당사자도 싫어하지 않는다.

문제는 듣기에 거북하고 언짢은 것들이다. 듣기 좋은 소리도 한두 번인데, 약점이나 콤플렉스를 가지고 별명을 붙여 부른다면 당사자는 화가 날 수밖에 없다. 그러다 보니 별명으로 인해 종종 다툼이 벌어지기도 한다. 아이들뿐만 아니라 어른들도 마찬가지다.

상대가 싫어하는 별명은 부르지 말아야 한다. 부르는 사람이야 가볍게 생각하겠지만, 당사자는 자신이 놀림을 당한다고 여겨 불편해한다. 말이든 별명이든 상대를 불편하게 한다면 하지 않는 것이 맞다.

다음은 러시아의 국민 작가이자 톨스토이즘이라는 자신만의 사상 체계를 정립한 레프 톨스토이의 일화이다.

어느 날, 톨스토이는 집 안에서 누군가가 다투는 소리를 들었다. 무슨 일인가 하여 소리가 나는 곳으로 가니 두 하인이 큰소리로 싸우고 있었다. 연유를 들어 보니 싸움의 원인은 별명에 있었다.

마른 하인이 뚱뚱한 하인에게 곰이라는 별명을 붙이자, 뚱뚱한 하인이 마른 하인에게 원숭이라는 별명을 붙인 것이다.

"야, 곰이 뭐냐? 내가 곰이면 너는 원숭이다."

뚱뚱한 하인이 이렇게 말하며 놀렸다.

"미련한 곰처럼 생겨서 곰이라는데 뭐가 잘못됐니?"

마른 하인이 놀림을 당연하다는 듯 말하자 뚱뚱한 하인은 화가 치밀어 올랐다. 처음에는 농담처럼 서로를 '못생긴 원숭이', '미련한 곰'이라고 놀리다가 어느 순간 감정이 격해져 서로에게 욕을 퍼부으며 다투게 되었던 것이다.

연유를 듣고 난 톨스토이는 마른 종에게 말했다.

"자네가 저 친구에게 곰이라고 불렀나? 사실, 자네는 저 친구가 곰처럼 생겨서 곰이라 부른 게 아니네. 자네 마음속에 곰과 같은 마음이 도사리고 있어 그렇게 부른 것이라네."

그러더니 이번에는 뚱뚱한 하인에게 말했다.

"자네는 저 친구를 원숭이라고 불렀지? 역시 자네 마음속에 원숭이 같은 마음이 있어 저 친구가 자네 눈에는 원숭이처럼 보인 것이네."

톨스토이의 말을 듣고 두 하인은 자신들의 행동이 부끄러워졌다. 스스로 생각해도 별명 때문에 다툰 것이 민망한 일이었음을 깨달았다.

별명을 부르다 싸운 두 하인의 이야기에서 보듯 감정을 상하게 하는 별명은 상대에게 함부로 하는 말과 마찬가지다. 그것은 상대의 인격을 무시하는 것과 같다.

우리 주변에서 일어나는 다툼은 이처럼 사소한 일에서 시작되는 경우가 많다. 아무리 사소한 일이라도 그것이 상대방을 자극한다면 옳지 못한 것이다. 이를 각별히 유념한다면 사소한 일로 인한 다툼을 막을 수 있다.

사람들은
아무 생각 없이 별명을 부른다.
이때, 듣기 좋은 별명은
상대의 감정을 자극하지 않지만
나쁜 별명은 함부로 하는 말과 같아서
감정을 상하게 한다.

감정을 상하게 하는 말이라면
가벼운 의도였다고 해도 절대 금물이다.
그렇지 않으면 그로 인해 큰 화를 입게 된다.

29

자존심을 다치게 한 말을
인생의 전환점으로 삼다

내리라면 내릴 것이지 무슨 말이 그렇게 많아,
검둥이 주제에. 어서 썩 내리지 못해!

백인 차장

넘어져서 생긴 상처는 시간이 지나면 회복되지만, 말이 주는 마음의 상처는 평생 간다. 특히, 인격을 모독당하거나 자존심에 입은 상처는 죽어서도 잊지 못할 만큼 영혼 깊숙이 상처를 남긴다.

그럼에도 자신보다 힘이 없다는 이유로 함부로 인격을 모독하고, 가진 것이 없다고 함부로 대하고, 배운 것이 부족하다고 업신여기는 사람들이 있다. 그들에게 배려와 예의는 너무도 거리가 먼 이야기이다.

인도의 자유와 평화의 상징인 마하트마 간디는 서인도의 한 명문가에서 태어났다. 어린 시절 간디는 매우 유약하고 소심한 성격으로 겁이 많았지만, 정직했고 내면에는 강한 면도 지니고 있었다.

간디는 부모로부터 힌두교 자이나파의 교육을 받았지만, 미래를 위해 영국으로 유학을 떠나 런던 대학에 입학하여 법률을 공부했다.

영국 사람들에게 온갖 멸시와 차별을 받으며 공부를 마친 간디는 그곳에서 변호사로 일할 수도 있었지만, 영국의 식민지였던 조국 인도로 돌아왔다. 이후, 그는 봄베이 법원 관할에서 변호사 사무소를 차리고 일을 시작했다. 그러다 1893년, 남아프리카공화국의 나탈로 부임했다.

그러던 어느 날이었다. 소송을 마치고 열차를 타려는데 영문도 모른 채 백인 차장에게 크게 봉변을 당했다.

"당신 같은 유색 인종은 1등 칸에 탈 수 없으니 어서 당장 내려!"

"이보시오! 나는 변호사입니다. 그리고 이렇게 1등 칸 차표도 있습니다."

모멸감을 느낀 간디는 차표를 보여 주며 말했다.

"내리라면 내릴 것이지 무슨 말이 그렇게 많아, 검둥이 주제에. 어서 썩 내리지 못해!"

간디는 저항했지만, 입에 담지 못할 욕설까지 들으며 문밖으로 내동댕이쳐졌다. 간디는 이 수모를 겪은 뒤, 그곳에 살고 있는 동포들의 고통을 조금이나마 알게 되었다.

백인 차장으로부터 인종 차별을 받은 뒤로 간디의 소심했던 성격은 대담하고 투철한 성격으로 바뀌었다. 또한 이 사건은 당시 남아프리카공화국에 있던 인도인 7만여 명의 권리와 인종 차별을 막아 내기로 결심한 계기가 되었다.

이후, 간디는 인도 노동자들의 학대 철폐를 주장하고 나섰으며 주 입법 의원 선거에 있어서도 인도인의 선거권 박탈 등에 항의하여 성공을 거두었다. 또한 남아프리카공화국에서 전쟁이 일어나자 귀국하여 야전 구호반을 조직, 인솔하여 다시 방문했다. 그러고는 부상 군인들의 간호에 전력을 다했다. 그 외에도 남아프리카공화국의 트란스발 정부가 인도인 이민 제한을 위해 부과한 지문 등록을 거부하는 운동을 펼쳐 수차례 투옥되기도 했지만, 세계의 여론을 끌어들여 철회시켰다. 이 사건을 계기로 그는 남아프리카공화국을 넘어 세계적인 인물이 되었다.

1914년, 제1차 세계 대전이 일어나자 간디는 인도로 귀국해서 곧바로 노동 운동, 민족 해방 운동의 지도에 전념하며 인도의 독립을 앞당기기 위해 힘썼다. 영국에 대한 비협력 운동 방침을 세우고 납세 거부, 취업 거부, 상품 불매 운동을 통한 비폭력 저항을 시작했다.

비협력 운동이 선언되고 불매 운동은 성공했지만, 인도 각지에서 유혈 사태가 일어났다. 간디의 호소로 운동은 잠시 중단되었지만 이 일로 그는 투옥되었다. 간디는 석방된 후에도 계속해서 농촌 구제 활동에 힘쓰고 수없이 투옥되었다가 석방되기를 반복하며, 독립운동을 펼친 끝에 마침내 인도의 독립을 이끌어 냈다.

간디가 인도의 영웅이자 성자로 존경받는 이유는 자신의 인생을 다 바쳐 조국과 민족을 위해 헌신함으로써 자유와 평화를 지켰기 때문이다. 당시 연약하고 소심했던 간디가 이처럼 되리라고는 누구도 생각지 못했을 것이다. 그럼에도 그가 인도의 영웅을 넘어 세계적인 인물이 될 수 있었던 것은 백인 차장으로부터 받은 모욕과 마음에 입은 상처의 힘이 아니었을까.

"내리라면 내릴 것이지 무슨 말이 그렇게 많아, 검둥이 주제에. 어서 썩 내리지 못해!"

당시, 열차 안에서 그가 들은 이 말은 그의 인생을 바꿔 놓았고 지금까지 걸어온 길이 아닌 다른 길을 선택하는 계기가 되었다.

만일, 그가 치욕적인 모욕을 당하고도 대수롭지 않게 여겼다면 평범한 변호사로 살게 되지 않았을까. 하지만 그는 당시의 사건으로 인해 새로운 인생을 선택했고, 타고르가 준 이름 마하트마 간디처럼 위대한 영혼, 위대한 인물이 되었다.

누군가에게 상처를 주는 말이나
모욕적인 행동은 삼가야 한다.
상대에게는 영원히 지울 수 없는
상처가 되기 때문이다.
물론, 간디의 경우처럼
극히 예외적인 경우도 있다.

마음에 난 상처의 힘은 때로는
불가능해 보이는 일도
가능하게 하는 계기가 되는데,
이는 어디까지나 예외일 뿐
대개는 복수의 근원이 된다.
누군가에게 원한의 대상이 되고 싶지 않다면
상처 주는 말은 절대 금물이다.

30

어린아이의 말에도
배울 것이 있다

명령이라고 하셔도 열어드릴 수 없습니다.
아버지께서는 장군님처럼 남의 농장을
사냥터로 삼는 사람은 무시해도 좋다고 하셨습니다.
장군님께서는 저희 농장의 피해를 고려하지 않으시고
사냥터로 삼으셨으니 제가 어찌 문을 열어드릴 수 있겠습니까?
그러니 그냥 돌아가세요.

소년의 말

불치하문不恥下問이란 말이 있다. 지위나 나이, 학식이 자신보다 못한 사람에게 묻는 것을 부끄러워하지 않음을 뜻한다. 자신보다 나이가 어리고 배움이 부족한 사람에게도 배울 점이 있다는 말이다. 다음은 《탈무드》에 나오는 말이다.

"세상에서 가장 현명한 사람은 누구에게서든 무엇인가를 배운다."

상대의 나이나 학식, 신분에 관계 없이 배우는 사람이야말로 진정한 배움을 아는 사람이 아닐까.

워털루 전쟁에서 나폴레옹의 막강한 군대를 무찌른 영국의 위대한 장군 웰링턴은 취미로 사냥을 즐겼는데, 그가 여우 사냥을 나갔을 때의 일이다.

"오늘은 날씨가 참 좋구먼. 이런 날에는 사냥도 더 잘되는 법이지. 자, 그럼 어디 한번 슬슬 몸 좀 풀어 볼까."

한껏 들뜬 웰링턴은 말을 타고 여기저기 휘저으며 여우를 찾아다녔다. 그러던 바로 그때, 여우 한 마리가 눈에 들어왔다. 웰링턴은 즉시 총을 쐈고 그 순간 '깽!' 하는 소리와 함께 여우가 도망을 치기 시작했다. 웰링턴은 휘파람을 불며 여우 뒤를 쫓았다. 총에 맞은 여우는 재빠르게 도망쳐 어느 농가로 숨어들었다.

웰링턴이 민가에 도착해 소리쳤다.

"이보시오. 문 좀 열어 주시오!"

"무슨 일이세요?"

웰링턴의 외침에 소년이 다가와 말했다.

"저기 문 좀 열어 주겠니? 총에 맞은 여우가 이 집으로 들어갔단다."

웰링턴이 말했다.

"안 됩니다."

소년은 딱 잘라 안 된다고 거절했다.

"안 되다니 그게 무슨 소리니? 어서 문을 열지 못해?"

웰링턴은 다시 큰 소리로 말했다.

"아무리 소리치셔도 소용없습니다. 절대로 문을 열지 않을 테니까요."

"문을 안 열어 주는 이유가 무엇이냐?"

웰링턴은 자신을 알아보고도 문을 열어 주지 않는 이유가 궁금해졌다.

"아버지 말씀을 따르기 위해서입니다."

"아버지 말씀을 따르기 위해서라고?"

"네. 그렇습니다."

"나는 웰링턴 장군이다! 그러니 어서 문을 열어라!"

"명령이라고 하셔도 열어드릴 수 없습니다. 아버지께서는 장군님처럼 남의 농장을 사냥터로 삼는 사람은 무시해도 좋다고 하셨습니다. 장군님께서는 저희 농장의 피해를 고려하지 않으시고 사냥터로 삼으셨으니 제가 어찌 문을 열어드릴 수 있겠습니까? 그러니 그냥 돌아가세요."

그는 소년의 말에 충격을 받았다. 자신의 즐거움을 위해 남에게 폐를 끼쳤다고 생각하니 어린 소년 앞에서 무척이나 부끄러워졌다. 웰링턴은 부드러운 목소리로 말했다.

"오냐. 네 말대로 하마. 내 생각이 짧았구나. 너는 참 훌륭한 아이구나. 지금처럼 아버지 말씀을 잘 듣고 자란다면 훗날 이 나라의 훌륭한 인재가 될 것이다."

웰링턴은 이렇게 말하며 돌아갔다. 여우 사냥은 망쳤지만, 그의 입가에는 밝은 미소가 번졌다. 그는 아이의 바른말을 듣고 자신이 어리석음을 깨우쳤다.

단편적인 예이지만, 이는 그가 막강한 권력을 남용하지 않고 국민을 소중히 여긴 소통의 귀재임을 증명한다.

웰링턴이 국민들로부터 열렬한 지지를 받으며 훌륭한 정치가로 길이 남을 수 있었던 것도 이런 크고 작은 배움 덕분이었다. 진정한 배움의 가치는 누구에게서든지 배우려는 마음에서 온다는 것을 잊지 말아야겠다.

마음에 새기면 좋을 인생 포인트

아이에게도 배울 점이 있으면 배우는 것, 이것이 진정한 배움의 자세이다. '동심童心'은 '천심天心'이라는 말처럼 어린아이의 말과 행동에도 진리가 담겨 있다.

자신보다 나이가 어리고, 지위가 낮고, 배움이 짧은 사람에게도 귀를 기울이는 것, 이것이야말로 자신의 품격을 높이는 데 있어 귀한 배움의 자세인 것이다.

"

시련을 극복하려면
당신의 말부터 바꿔야 한다

"

31

분노는 우리의
눈과 귀를 닫게 한다

아니, 이놈의 매가!

칭기즈 칸

화가 나서 하는 말은 상대방의 가슴으로 날아가 화살처럼 박힌다. 가슴에 한 번 박힌 말 화살은 좀처럼 빼내기가 어렵다. 분노의 말에는 감정을 자극하는 독이 들어 있는데, 그것을 빼기 위해서는 사랑과 용서가 있어야 한다. 분노하게 되면 순간적으로 이성을 잃게 되는데, 그 결과 판단력이 흐려져 아무렇게나 말하고 행동하게 된다. 그리고 그것은 생각지도 못한 불행으로 이어진다. 사람들 사이에서 일어나는 불미스러운 일의 대부분은 이런 분노에 의한 말과 행동 때문이다.

역사상 가장 광활한 영토를 지닌 왕이었던 몽골 제국의 칭기

즈 칸. 그는 사냥하는 것을 좋아해 시간이 날 때마다 사냥을 즐겼다. 어느 날, 아끼는 매를 데리고 사냥에 나갔을 때였다. 그에게 매는 자식처럼 귀한 존재였다.

"오늘도 수확이 썩 괜찮군. 자, 이것은 네가 먹어라."

그는 사냥한 짐승의 살점을 떼서 매에게 주었다. 매는 허겁지겁 살코기를 뜯었다. 그 모습을 보고 그는 빙그레 웃었다.

즐겁게 사냥을 마치고 집으로 가는 길에 갑자기 목마름을 느낀 그는 손에 있던 매를 공중으로 날려 보내 물을 찾았다. 가뭄으로 개울물은 바싹 말라 있었는데 마침 바위틈으로 물이 뚝뚝 떨어지는 것을 발견하고 그는 얼른 잔을 꺼냈다. 그가 물을 받아 마시려는 찰나였다. 매가 날아와 그의 손을 툭 치는 바람에 손에 들고 있던 잔이 떨어지게 되었다.

"아니, 이놈의 매가!"

매우 목이 마른 상황에서 화가 난 그는 단칼에 매를 베어 버렸고, 매는 피를 쏟으며 멀리 나가떨어지고야 말았다. 그때였다. 죽은 매의 사체를 거두기 위해 가까이 다가가자 그는 놀라운 광경을 보게 된다. 물이 떨어지는 바위 위에는 커다란 독사가 죽어 있었다.

"이, 이럴 수가. 나를 살리기 위해서 일부러 내 손을 쳤단 말인가."

그는 이렇게 말하며 죽은 매를 정성껏 묻어 주었다. 이 일로 인해 그는 아무리 화가 나는 상황이라고 해도 앞뒤 재지 않고 함부로 말하고 행동하는 것은 옳지 않음을 깨닫게 되었다.

그가 중국의 광활한 대륙을 점령하고 중앙아시아를 거쳐 동유럽에 이르는 드넓은 땅을 차지하며 세계만방에 기개를 떨칠 수 있었던 것은 자신을 다스리는 지혜를 가졌기 때문이다. 전술과 무술만 뛰어나서는 그렇게 될 수 없다.

그는 사람의 마음을 꿰뚫어 보는 눈이 밝았다. 사람들의 마음을 모아 일을 도모하고 관용을 베푸는 성품을 지닌 인물이었다. 그가 이런 인품을 지닐 수 있었던 것은 매를 통해 얻은 깨달음 때문이 아니었을까.

"어리석은 자는 자기의 노를 다 드러내어도 지혜로운 자는 그것을 억제하느니라."

구약 성경 잠언에 나오는 말씀이다. 이처럼 어리석은 자는 자주 분노하지만 지혜로운 자는 쉽게 분노하지 않는다.

분노는 지혜를 가로막는 장애와 같다. 분노를 하게 되면 이성을 잃어 함부로 말하고 행동하게 된다. 사람들 사이에 일어나는 대부분의 분쟁은 분노로 인한 말과 행동 때문이다. 분노를 절제해야 하는 이유 역시 여기에 있다. 분노로 인한 말과 행동을 억제하면 인생에서 일어나는 대부분의 불행을 막을 수 있다.

인생의 불행 중 대부분은
화를 참지 못해
함부로 말하고 행동하는 데 있다.
화는 이성을 마비시켜 막말을 하고
함부로 행동하게 만든다.

화를 억제하는 것만으로도
인생을 행복으로 이끌 수 있다.

32

포기를 말하는 순간,
눈앞의 성공도 사라진다

그래도 어떡하겠니.
여기 더 있다가는 비용만 자꾸 더 늘어날 텐데.
포기는 빠를수록 좋다고 했으니 미련 떨지 말고 이제 그만 돌아가자.

더비 삼촌

똑같이 어려운 일을 당해도 끝까지 포기하지 않는 사람이 있는가 하면, 쉽게 포기해 버리는 사람이 있다. 그 사람의 의지와 신념의 차이에서 빚어진 결과이다.

강한 의지와 신념은 끝까지 해내는 힘을 발휘한다. 아무리 힘들고 어려워도 끝까지 밀고 나가 지신이 원하는 것을 성취하게 하는 동력이 된다.

"길이 없으면 길을 찾고, 찾아도 없으면 만들면서 나가면 된다."

빈주먹으로 한 기업을 세계적인 기업으로 만든 국내 모 회장의 말로, 강한 의지와 신념을 보여 준다. 길이 없다고 포기하는 사람은 길을 만들 생각은 더더욱 하지 못한다. 그러다 보니 작은 어려움에도 쉽게 포기하고 만다.

미국이 한창 금광 개발에 들떠 있을 때의 일화이다. 사람들은 저마다 금광을 찾아 길을 나섰다. 금광을 찾기란 매우 힘들지만, 일단 찾았다 하면 돈방석에 올라앉는 것은 시간문제였다. 금광은 마치 인생의 복권과도 같았다.

금광을 찾아 떠난 사람들 중에는 삼촌과 함께한 더비라는 이도 있었다. 그들은 많은 돈을 빌려 금광 채굴에 필요한 장비를 사서 길을 나섰는데, 떠나기 전부터 금광을 채굴한 듯 들떠 있었다.

"삼촌, 금광맥을 찾을 수 있겠죠?"

더비는 싱글벙글 웃으며 삼촌에게 말했다.

"그럼, 찾을 수 있고말고. 우리 반드시 찾아서 돌아가자."

"네, 삼촌!"

더비는 삼촌의 말에 더욱 기분이 들떴다. 이들은 금이 나올 만한 곳을 정해 금광맥을 찾기 시작했고, 마침내 찾아서는 신나게 콧노래를 불러 가며 금을 채굴하기 시작했다. 그때였다. 얼마 못가 광맥이 끊기고 말았다.

"아니, 이게 어떻게 된 거야? 금광맥이 사라졌잖아."

실망한 삼촌의 말에 더비 역시 맥이 풀리고 말았다. 그들은 끊긴 금광맥을 찾기 위해 계속해서 땅을 파 내려갔지만, 금광맥은 나올 기미조차 보이지 않았다.

"더비야, 아무래도 이곳에는 금이 없는 것 같다."

"어쩌지요? 빌린 돈도 갚아야 하는데."

더비는 삼촌의 말에 걱정스러운 얼굴을 하고 말했다.

"그래도 어떡하겠니. 여기 더 있다가는 비용만 자꾸 더 늘어날 텐데. 포기는 빠를수록 좋다고 했으니 미련 떨지 말고 이제 그만 돌아가자."

더비는 삼촌의 말에 아무 말도 할 수가 없었다. 그들은 가지고 있던 금광 채굴 설비를 고물상에 헐값으로 처분한 뒤 서둘러 그곳을 빠져나왔다.

이때 그들로부터 금광맥이 없다는 말을 들은 고물상 주인은 혹시나 하는 마음에 광산 기사를 데리고 가서 굴을 파 내려가기 시작했다. 얼마쯤 파 내려갔을까. 파다 보니 황금빛이 도는 금광맥을 찾게 되었다.

"금, 금이다!"

광산 기사는 크게 소리쳤고 고물상 주인은 기뻐서 어쩔 줄을 몰라 했다. 더비가 포기한 곳에서 1미터쯤 더 팠을 뿐이었는데 운 좋게도 금광맥을 발견한 것이다.

여기서 우리는 중요한 사실을 알 수 있다. 더비가 쉽게 포기하지 않았더라면 금광은 그의 것이 되었을지 모른다. 하지만 아쉽게도 포기하는 바람에 금광이 다른 사람에게 넘어가고 말았다.

모든 일에는 다 때가 있는 법이다. 자신에게 다가올 때를 기다

리지 못하고 '못 해, 안 해, 포기하자, 포기해 버리고 말자'라고
입버릇처럼 말한다면 곁에 있던 행운도 사라지고 만다.

　때를 놓치지 않으려면 절대 포기해서는 안 된다. 포기하는 순
간, 앞으로의 행운은 물론이고 과거와 현재에 애써 이룬 것들도
물거품이 되고 만다.

─────── **마음에 새기면 좋을 인생 포인트** ───────

세상에 쉬운 일은 없다. 그럼에도 사람들은 자신이 원하는 것을 쉽게
손에 쥐려 한다. 그러다 보니 조금만 힘들어도 쉽게 포기하고 만다.
모든 일에는 다 때가 있는 법이다.
그렇다. 그때를 위해 끝까지 포기하지 않는다면 반드시 좋은 결과를
얻게 될 것이다.

33

시련을 극복하려면
당신의 말부터 바꿔야 한다

오, 이 아름다운 대자연은 나에게 꿈이자 행복이며 희망이다.
이토록 내 영혼을 맑고 따뜻하게 하는 이곳은 나에게 축복의 땅이다.
나의 하루하루가 행복할 수 있음에 감사한다.

패트릭 화이트

일이 뜻대로 되지 않으면 맥이 빠지고 의욕이 가라앉는데, 이 것이 지속되면 고통을 느끼게 된다. 삶이 고통스러울 때는 자신 도 모르게 입에서 불평불만이 쏟아져 나온다. 하는 생각이나 말 이 부정적으로 변하고 모든 것을 비판적으로 바라보게 된다.

고통의 말은 의욕을 떨어뜨리고 충분히 해낼 수 있는 일에도 자신감이 떨어지게 만든다. '나는 할 수 없어', '내가 저 일을 어 떻게 할 수 있지?' 하는 생각을 들게 한다.

고통의 말은 자신을 좌절하게 만드는 부정의 언어이다. 이때, 고통의 말에서 벗어나 희망의 말을 하게 되면 긍정적인 기운이 온몸과 마음을 열정으로 가득 채워진다.

다음은 고통의 말을 버리고 희망의 말을 함으로써 자신의 삶을 새롭게 변화시킨 이야기이다.

호주의 대표적인 작가로 1973년《폭풍의 눈》으로 노벨 문학상을 수상한 패트릭 화이트. 그는 영국에서 태어나 영국 케임브리지 대학 재학 중 시집《밭가는 사람》으로 등단했다.

그는 열심히 작품 활동을 하면서도 작가로서 뚜렷한 두각을 나타내지 못하자 의기소침해졌다. 그때 그의 입에서는 이런 말들이 흘러나왔다.

"나는 작가로서 자질이 없는 것일까?"

"계속 글을 써야 할까, 아니면 포기를 해야 할까?"

"아, 하루하루가 내게는 고통뿐이로구나."

하지만 달라지는 것은 없었다. 오히려 그러면 그럴수록 점점 더 자신이 없어졌다. 패트릭 화이트는 결국, 영국을 떠나 고국으로 돌아갔다. 그는 광대한 호주에서 자신의 꿈을 이루자고 굳게 결심했다. 그 결과, 마음이 한결 편안해졌고 나무꾼으로 일하면서 비록 힘은 들었지만 글 쓰는 일이 다시 즐거워졌다.

영국에 있을 때는 고통의 말을 쏟아 내던 그의 입에서는 자신도 모르게 긍정의 말이 흘러나왔다.

"오, 이 아름다운 대자연은 나에게 꿈이자 행복이며 희망이다."

"이토록 내 영혼을 맑고 따뜻하게 하는 이곳은 나에게 축복의 땅이다."

"나의 하루하루가 행복할 수 있음에 감사한다."

이처럼 행복과 희망의 말이 폭포수처럼 쏟아져 나왔다. 그는 때 묻지 않은 대자연에서 쓰고 싶은 글을 마음껏 썼는데 그렇게 쓴 첫 소설이 〈행복의 골짜기〉이다. 그는 소설을 쓰면서 더욱 자신감을 갖게 되었다. 이후, 그는 《폭풍의 눈》을 통해 문학가들에게 주어지는 최고의 영예인 노벨 문학상을 수상하는 영광을 안았다. 그의 영광은 고통을 말하던 입에서 희망의 말을 쏘아 올린 결과였다.

호주의 광활한 대지는 그에게 꿈이며 희망이었다. 그는 〈죽은 자와 산 자〉, 〈불타버린 골짜기〉 등 많은 작품을 남김으로써 자신의 인생을 성공적으로 완성했다.

일이 뜻대로 되지 않을 때 불평을 쏟아 내던 입이 희망의 말을 쏘아 올리자 패트릭 화이트의 삶은 완전히 변화했다. 고통의 말은 '부정'이며 '절망'이며 '포기'이다. 반대로 희망의 말은 '꿈'이며, '긍정'이며 '용기'이다.

같은 상황에서도 어떤 마음을 갖느냐는 매우 중요하다. 지금 이 순간, 자신이 처한 상황이 최악이라면 패트릭 화이트가 영국에서 고국인 호주로 돌아갔듯 분위기를 바꿔 보는 것도 좋다.

삶은 언제나 변하기 마련이다. 힘들수록 정체해 있을 것이 아니라 변화를 시도해야 한다. 그러면 고통을 말하던 입에서 희망의 말이 쏟아져 나오고, 끝내는 자신을 변화시킬 수 있다.

'고통'은 암흑과도 같다.
고통에 빠져들면 매사가 부정적으로 보인다.
반대로 고통에서 벗어나 '희망'의 자리에 서면
모든 것이 긍정적으로 보인다.
아무리 힘들어도 희망을 포기해서는 안 되는 이유가
바로 여기에 있다.
힘들수록 희망의 말을 하는 입이 되어야 한다.

부정적인 생각을
바꾸는 사랑의 위력

하나님, 저는 일을 하느라 손이 굳어서 더는 그림을 그릴 수 없습니다.
비록 저는 그림을 그릴 수 없지만,
제 친구 뒤러는 위대한 화가가 되게 해주십시오.

뒤러의 친구

'사랑'은 절대 긍정을 지녔다. 함부로 막말을 일삼던 사람도 사랑이 함께하면 부드럽게 변한다. 안 된다고 말하던 입에서는 된다는 말이 흘러나오고, 상처를 주던 입이 천사의 말을 하고, 비난을 퍼부어 대던 입이 칭찬과 격려의 말을 쏟아 낸다.

사랑은 불가능을 가능하게 하고, 욕심을 버리게 하고, 상대방을 배려하게 하고, 심술을 부리던 입에서 노래가 흘러나오게 한다. 사랑이 함께하면 최악의 상황에서도 꿈을 잃지 않고 끝까지 꿈을 향해 가게 한다.

사랑의 본질에 대해 프랑스의 작가 플로베르는 이렇게 말했다. "사랑은 봄에 피는 꽃과 같다. 온갖 것에 희망을 품게 하고, 향기로운 향내를 풍기게 한다. 때문에 사랑은 향기조차 없는 메마른 폐허나 오막살이집일지라도 희망을 품게 하고 향기를 풍기게 하는 것이다."

이처럼 사랑은 그 대상이 연인 혹은 부모, 형제, 친구 등 누구든 간에 희망을 품게 하고 향기를 풍기게 하여 잘될 수 있도록 돕는다.

르네상스를 대표하는 화가이자 판화가, 〈기도하는 손〉으로 유명한 알브레히트 뒤러. 그가 독일 미술계에 끼친 영향은 실로 막대하다. 그는 독일의 르네상스 회화를 완성시켰으며, 동판과 판화 등에서 뛰어난 업적을 남겼다. 그가 남긴 작품은 유화 100점, 목판화 350점, 동판화 100점, 데생 900점으로 엄청나다. 특히 뒤러를 상징하는 그림 〈기도하는 손〉은 그의 수많은 작품 중에서도 단연 으뜸으로 꼽히는데, 여기에는 너무도 아름다운 친구와의 우정과 사랑이 담겨 있기 때문이다.

젊은 시절, 뒤러는 무척 가난했는데 그 속에서도 화가의 꿈을 포기하지 못했다.

"아, 그림 공부는 내 꿈이자 목표인데, 가난은 왜 나를 이토록 힘들게 하는 것일까. 이러다 정말 내 인생이 끝나는 것은 아닐까."

뒤러는 그림 공부에 대한 열망이 너무도 간절하여 때때로 자신의 가난에 한탄하며 부정적인 말을 쏟아 냈다.

그러던 어느 날, 자신처럼 화가의 꿈을 가진 친구와 한 가지 약속을 하게 되었다. 한 사람이 공부를 하는 동안 한 사람은 일을 해서 도움을 주고, 그 사람이 공부를 마치면 반대로 똑같이 해 주기로 한 것이다.

"뒤러야, 네가 먼저 공부를 했으면 해. 그런 다음 내가 공부를 할게."

친구는 선뜻 자신이 뒷바라지를 할 테니 뒤러에게 먼저 공부하라고 했다.

"내가 먼저 그래도 될까?"

뒤러는 친구의 마음에 너무도 고마워하며 되물었다.

"물론이지, 그러니 이제 아무 생각 말고 공부에만 전념해."

"고맙다, 친구야."

뒤러는 자신에게 기회를 양보해 준 친구가 너무도 고마워 열심히 공부했다. 시간이 흘러 친구의 도움으로 무사히 공부를 마친 그는 화가로서 명성을 얻게 되었다. 이제 친구가 공부할 차례라고 생각한 뒤러가 말했다.

"친구야, 그동안 고생 많았어. 이번에는 네 차례야. 돈 걱정하지 말고 열심히 공부에만 전념해."

이때, 친구는 기쁜 마음으로 공부를 시작했지만 그는 이내 실망하고 만다. 그동안 심한 노동으로 인해 손이 거칠어지고 굳어져 세밀한 묘사를 할 수 없게 된 것이다. 그 사실을 알고 너무도 속이 상해 '내가 먼저 그림을 그렸더라면 이런 일을 없었을 텐데……' 하고 뒤러를 원망하기도 했다.

하지만 곧 자신의 마음을 돌이켰다. 자신은 그림을 그릴 수 없게 되었지만 뒤러가 위대한 화가가 되도록 끝까지 격려해 주기로 결심했다.

어느 날, 뒤러는 친구를 만나기 위해 그가 공부하는 화실로 찾아갔는데, 그때 안에서 들려오는 친구의 기도를 듣게 된다.

"하나님, 저는 일을 하느라 손이 굳어서 더는 그림을 그릴 수 없습니다. 비록 저는 그림을 그릴 수 없지만, 제 친구 뒤러는 위대한 화가가 되게 해 주십시오."

뒤러는 친구의 간절한 기도를 듣고 크게 감복하여 눈물을 흘렸다. 그리고 이 세상에서 가장 아름다운 친구의 손을 그리기 시작했는데, 그 그림이 바로 〈기도하는 손〉이다.

이 이야기에서 보듯 뒤러는 가난의 고통으로 인해 불평과 불만을 쏟아 낼 때도 있었지만, 친구의 사랑과 격려로 끝까지 희망의 끈을 버리지 않았고 마침내 위대한 화가가 되었다.

뒤러의 친구는 뒤러의 꿈을 진심으로 응원하며 격려와 사랑을 보냈다. 그 결과, 뒤러의 가슴속에는 꿈의 에너지가 샘솟게 되었다.

어렵고 힘들수록 사랑과 희망의 말을 해야 한다. 사랑과 희망

의 언어는 부정적인 생각을 긍정적인 생각으로 바꾸고, 꿈을 현
실로 만드는 '체인지 워드'이다.

참다운 사랑은 불가능을 가능하게 하는 위대한 용기이며
꿈의 근원이다.
어려울수록 사랑의 말을 가슴에 품고 희망을 말하며
꿈을 향해 나아가야 한다.
그러면 자신이 원하는 것을 손에 쥘 수 있다.
그렇다. 사랑은 모든 것을 희망으로 이끄는 꿈의 전차이기 때문이다.

35

행복과 불행은
당신의 말에 달려 있다

행복하게 사는 방법은
자신의 혀를 함부로 사용하지 않는 것입니다.

《탈무드》에 나오는 장사꾼

일상생활에 있어서 의사를 전달하고 소통하는 데 있어 '말'은 매우 주요한 수단이다. 말을 잘했을 때는 원하는 것을 얻게 되고 자신의 가치를 한껏 끌어올리게 되지만, 실수라도 하게 되면 원하는 것을 놓치는 것은 물론이고 가치도 떨어뜨리게 된다. 심각한 경우, 모든 것을 잃게 되는 참혹한 상황이 되기도 한다.

그렇다. 말은 단순하지 않다. 말은 곧 그 사람이며, 그 사람의 삶과 행복을 결정짓는 근원적인 수단이다.

다음은 말의 중요성을 증명하는 한 일화이다.

한 마을에 장사꾼이 있었는데, 그는 구석구석을 누비면서 큰 소리로 외쳤다.

"참된 행복을 사실 분 어디 없습니까? 저는 참된 행복의 방법을 알고 있습니다. 참된 행복의 비결을 사실 분은 다 제게로 오십시오!"

장사꾼이 그럴듯한 말을 하자 여기저기서 사람들이 몰려들기 시작했다.

"참된 행복의 방법을 판다고? 그게 과연 뭘까?"

"글쎄. 그런 방법도 판다니 우리 한번 가 보자고."

사람들은 저마다 한마디씩 하며 호기심 어린 눈으로 장사꾼을 쳐다보았다. 그 가운데는 훌륭한 지혜를 가진 랍비도 여러 명 있었다. 랍비들도 그 장사꾼이 과연 무슨 말을 하는지 귀를 열고 들었다. 어느새 장사꾼 주위는 구름 떼 같이 몰려든 사람들로 넘쳐났다.

"여러분! 이렇게 모여 주셔서 감사합니다. 다들 참된 행복의 비결을 알고 싶으신 거로군요!"

장사꾼은 얼굴에 함박웃음을 지으며 말했다.

"긴소리 하지 말고 어서 그 방법에 대해서나 말해 보십시오!"

"그래요. 우린 바쁜 사람이에요! 어서 말해 보세요. 대체 그 비결이 무엇입니까?"

사람들은 웅성거리며 기대에 찬 얼굴로 어서 말을 하라고 재촉했다.

"그래요. 그렇게 하지요. 간단합니다. 행복하게 사는 방법은 자신의 혀를 함부로 사용하지 않는 것입니다."

장사꾼이 이렇게 말하자 사람들은 고개를 끄덕이며 말했다.

"그래, 옳은 말이야. 혀는 잘 사용하면 금은보화보다도 소중하지만, 잘못 사용하면 독약보다도 나쁜 것이지."

사람들의 반응에 장사꾼의 입가에는 미소가 번져 올랐다.

이는 《탈무드》에 나오는 이야기로 세 치 혀가 인간의 삶과 행복에 미치는 영향이 얼마나 큰지를 짐작하게 한다.

좋은 말은 자신은 물론 상대방에게도 유익을 가져다주지만, 잘못한 말은 해를 끼친다. 말을 할 때는 이 말을 하면 상대방이 어떻게 생각할지를 잘 살펴서 해야 뒤탈이 없다. 여과되지 않은 말을 불쑥불쑥하게 되면 실수가 따르는 법이다. 말실수를 최소화하는 것, 이것이야말로 인생을 행복하게 사는 최선의 방법이다.

상황에 맞는 말을 하는 것이야말로
진정으로 말을 잘하는 비결이다.
중언부언하거나 말에 실수가 있다면
아무리 미사여구로 포장을 해도 역효과가 난다.

상대방에게 인정받고 싶다면
말에 진정성을 담아야 한다.
진정성이 담긴 말은
누구에게나 믿음과 신뢰를 주며
삶을 값지고 행복하게 만든다.

36

거친 말과 행동은
스스로를 깎아내린다

이봐, 어디 다 정신을 팔고 있는 거야.
연습 한두 번 해 보나. 그렇게 하려면 때려치워!

아르투로 토스카니니

화가 나거나 속상한 일이 있다고 해도 거친 말과 행동은 삼가
야 한다. 그것은 스스로를 깎아내리는 어리석음이다. 이는 많이
배운 자나 적게 배운 자나, 가진 자나 가난한 자나, 지위가 높은
자나 낮은 자나, 이름이 널리 알려진 자나 그렇지 않은 자나 누
구나 마찬가지이다.

거친 말과 행동은 주변 사람들의 마음을 불편하게 하고 분노
를 사게 한다. 거친 말과 행동은 그 이유를 막론하고 눈살을 찌
푸리게 할 뿐 정당화될 수 없다. 자신의 인격을 땅으로 끌어내리
고 싶다면 거칠게 말하고 행동하라. 그것처럼 자신을 하찮은 존
재로 전락시키는 것은 없다.

이탈리아 출신의 20세기 최고 마에스트로인 아르투로 토스카니니. 그는 이탈리아 파르마에서 태어났다. 오페라 의상을 제작한 아버지로 인해 어린 시절부터 오페라에 관심을 갖게 되었다. 토스카니니는 파르마음악원의 장학생으로 선발되어 첼로와 작곡을 공부했다. 음악원을 졸업한 그는 브라질 리우데자네이루의 오페라 극장 오케스트라에 입단하여 첼리스트이자 합창 감독의 조수로 활동했다.

그 후 31살의 나이로 이탈리아 밀라노 라 스칼라의 예술 감독으로 발탁되었다. 토스카니니는 당시의 관습을 타파하는 개혁을 단행했다. 극의 흐름을 방해한다는 이유로 오페라 중간에 나오는 성악가의 앙코르를 금지하고, 오케스트라 단원을 상대로 시즌마다 엄격한 오디션을 실시했다.

그러나 강경한 그의 음악적 스타일은 단원들은 물론 성악가들과의 갈등을 빚었고 그는 라 스칼라를 떠났다.

1908년 토스카니니는 미국 메트로폴리탄에 입성했으며 뉴욕 필의 지휘를 맡았다. 그는 최고의 지휘자로 각광을 받기 시작했다.

그러던 어느 날이었다. 오케스트라 연습 때 한 연주자가 그만 실수를 하고 말았다. 이에 화가 난 토스카니니는 값비싼 시계를 바닥에 내던지며 큰 소리로 말했다.

"이봐, 어디 다 정신을 팔고 있는 거야. 연습 한두 번 해보나.

그렇게 하려면 때려치워!"

　토스카니니는 화가 나면 눈에 띄는 대로 집어 던지는 습관이 있어 단원들은 언제나 긴장했다.

　"죄송합니다. 지휘자님! 다음부턴 주의하겠습니다."

　토스카니니로부터 심한 모욕을 느낀 단원은 이렇게 말했지만 마음에 깊은 상처를 받았다. 토스카니니 역시 값비싼 시계를 잃고 말았다. 토스카니니는 뛰어난 천재성으로 세계 음악사에 길이 남았지만, 자신의 못된 습관도 함께 남겼다.

　토스카니니는 뛰어난 음악성으로 큰 인기를 누리며 유명세를 탔다. 사람들은 그가 지휘하는 오케스트라의 연주를 듣기 위해 비싼 입장료도 마다하지 않았으며 그의 공연은 언제나 매진을 기록했다. 그러나 그에게는 단점도 천재성 못지않았던 것이다.

　생각해 보라. 아무리 뛰어난 천재성을 지녔다 하더라도 그 뒤에 가려진 나쁜 이미지는 사라지지 않는다. 지금도 사람들에게 그는 뛰어난 천재성과 괴팍함을 지닌 음악가로 인식되고 있다.

　화가 난다 하여 막말을 하고 자기 하고 싶은 대로 한다는 것은 스스로를 먹칠하는 거와 같다. 아무리 훌륭한 재능을 가졌다 하더라도 누가 그런 사람을 존경하겠는가. 이를 마음에 깊이 새길 일이다.

수레에 짐이 가득하면
소리가 나지 않는다.
그러나 짐이 적을수록 소리는 커진다.
재능이 아무리 뛰어나다고 해도
나쁜 버릇이나 성격을 가지고 있으면
소리 나는 빈 수레와 같다.
재능이 뛰어난데다 인품까지 좋으면 금상첨화다.

그렇다.
재능과 인품이 갖춘 사람이 되라.

37

기자의 본분을 잊고
자국自國을 비난하다 해고되다

미국의 전쟁 지도부는 이라크군의 항전의지를 오판했음은
물론 최초의 전쟁계획은 실패했다.

피터 아네트

사람들 중엔 자신의 나라를 비난하고, 적국을 이롭게 하는 상식을 벗어난 이들이 종종 매스컴을 장식하곤 한다. 조국을 비난한다는 것은 그 어떤 이유로든 이해할 수 없는 행동이며 매국賣國에 해당하는 반역죄이다. 적국을 이롭게 하는 것은 크든 작든 용서할 수 없는 일이다.

조국은 자신의 나라만이 아니라 국민 모두의 나라이다. 설령 조국에 불만이 있다고 하더라도 자신의 감정을 절제하지 못하고 도를 넘는 행위를 한다는 것은 조국의 국격을 훼손하는 일이며 국민을 배반하는 일이라는 것을 망각해서는 안 된다.

기자의 본분을 잊고 자국을 비난함으로써 국민들의 분노를

산 것은 물론 소속 방송사로부터 해고된 상식 없는 기자의 이야
기이다.

2003년 미국 NBC 기자인 피터 아네트는 이라크 국영 TV에
출연하여 미국의 대이라크 전에 대해 자국을 비난하며 다음과
같이 말했다.

"미국의 전쟁 지도부는 이라크군의 항전 의지를 오판했음은
물론 최초의 전쟁계획은 실패했다."

그리고 이어 그의 입은 또다시 궤변을 토했다.

"바그다드는 잘 통제되고 있으며 시민들은 정부의 지시에 잘
따르고 있다. 이라크 친구들은 내게 민족감정과 미국, 영국의 행
위에 대한 저항이 커지고 있다고 말한다."

그는 마치 남의 나라 말하듯 했다. 아네트의 인터뷰를 접한 미
국 국민들은 거세게 그를 비판했으며, 매스컴은 일제히 상식이
없는 사람이라며 그를 맹비난했다. 이에 대해 NBC는 아네트가
직업상 예의로 말한 것이라고 감쌌지만 이에 흥분한 여론에 굴
복하여 "전쟁 중 이라크 국영 TV에서 사견을 얘기한 것은 명백
한 잘못이다"라고 말함과 동시에 그를 해고했다.

2003년 미국을 중심으로 하는 서방 국가들은 국민의 인권을
유린하고, 국제질서를 흐리는 이라크의 독재자 사담 후세인을
제거하기 위해 이라크를 공격했다. 1991년 제1차 걸프전에 이

어 제2차 걸프전이 발발한 것이다. 걸프전은 온갖 최첨단 무기들이 동원되어 마치 게임을 보는 듯한 강한 인상을 남긴 전쟁이다.

1991년 제1차 걸프전 당시 아네트는 CNN 기자로 맹활약했으며, AP통신기자 땐 베트남전 취재로 퓰리처상을 수상한 베테랑 기자이다. 그런 그가 자국의 국격을 훼손하는 발언을 한다는 것은 - 그것도 적국 국영방송국에서 - 상식을 벗어난 일이 아닐 수 없다.

아네트는 기자로서 탁월한 감각을 타고났다. 하지만 그는 기자이기 전에 미국의 국민이다. 그는 국민으로서의 윤리와 도덕을 팽개쳐 버림으로써 매국 행위를 한 패역한 사람일 뿐이다.

그가 기자로서 상식에 벗어난 일을 한다는 것은 그의 의식에 문제가 있음을 방증한다. 즉 습관적으로 길들여진 행동일 가능성이 크다. 그것이 입에 배어 자신도 모르게 무의식적으로 말했을 가능성이 크다. 그만큼 좋은 행위든 나쁜 행위든 습관의 힘은 무서운 것이다.

아무리 개인적인 능력이 뛰어나다고 해도 말 한마디 때문에 평생 쌓은 공든 탑을 무너뜨린다. 또한 아무리 막강한 권력의 자리에 올랐다 해도 잘못한 말 한마디로 패가망신한다.

삼사일언 삼사일행三思一言 三思一行이란 말이 있다. 이는 공자孔子가 한 말로 "한 번 말할 땐 세 번을 생각하고 말하고, 한 번 행동

할 때 세 번 생각하고 행동하라"는 뜻으로 말을 할 때나 행동을
할 땐 그만큼 신중히 하라는 말이다. 그래야 말로 인한 실수를
줄임으로써 화를 막을 수 있다. 예나 지금이나 말은 이토록 신중
에 신중을 기해야 한다.

마음에 새기면 좋을 인생 포인트

말을 잘하면 떡이 생기지만 말을 잘못하면 자다가도 뭇매를 맞는다.
말은 입에서 나오는 순간 말로서의 가치를 지닌다.
가치 있는 말은 자신도 남에게도 이로움을 주나, 무가치한 말은 자신
은 물론 남에게도 화를 입게 한다.
그렇다. 그런 까닭에 자신에게도 남에게도 유익함을 주는 생산적이
고 창의적인 말을 해야 하는 것이다.

비난의 말이 하나뿐인
목숨을 앗아가다

에런 버는 비열한 선동가다!

알렉산더 해밀턴

비난은 가장 조심해야 한다. 아무리 좋은 사람도 자신을 비난
하면 화가 나서 어쩔 줄을 몰라 한다. 하물며 경쟁 관계에 있는
사람을 비난하는 것은 불행을 자초하는 일이 될 수도 있다. 칭찬
은 아무리 해도 부족하지만 비난은 손톱만 한 것도 삼가야 한다.

비난이 사람을 흥분하게 하고 분노하게 하는 것은 비난 속엔
부정적인 에너지가 들어 있어 상대에게 부정적으로 작용하기
때문이다. 쓸데없는 비난은 인간관계를 단절시키고 적을 지게
만든다. 인생에 전혀 도움이 되지 않는 백해무익한 것 중 하나가
곧 비난이다. 이를 망각하지 않는 것 또한 인생의 지혜이다.

오늘날 미국을 건국하는 데 있어 영향력을 끼친 인물 중 가장 대표적인 사람 중에 하나인 알렉산더 해밀턴. 그는 미국 건국의 아버지 중 한 사람으로 미국 헌법의 제정에 참여했으며, 약관의 34세 젊은 나이에 초대 대통령인 조지 워싱턴 정권의 재무장관 으로 재직하며 미국 정부의 재정정책에 크게 기여한 정치가이 자 법률가이다.

해밀턴은 워싱턴이 총사령관 시절 그 밑에서 4년 동안 참모로 지내면서 워싱턴과 각별한 사이가 되었다. 워싱턴은 지혜롭고 신념이 강한 해밀턴을 크게 신뢰했다. 전쟁이 끝난 후 해밀턴은 뉴욕시 변호사로 일하며 1787년 뉴욕 하원의원에 선출되면서 정계에 입문했다. 그는 초대 대통령인 워싱턴과의 인연으로 재 무장관에 발탁되었다. 해밀턴은 우수한 두뇌와 집념으로 자신이 수립한 정책을 밀어붙여 자신이 원하는 방향으로 이끌어 냈다. 그러다 보니 연방주의자인 해밀턴과 반연방주의자인 토머스 제 퍼슨은 사사건건 마찰을 빚었다. 특히 독립전쟁 때 진 빚을 갚는 문제와 미국 제1의 은행을 설립하는 등의 재정정책 문제로 이 둘은 서로 대립했다. 해밀턴과 제퍼슨은 정적이었지만 합리적 인 절충안으로 현안 문제를 풀어나감으로써 마찰을 줄일 수 있 었다.

그러나 또 다른 반연방주의자인 에런 버는 달랐다. 그는 자신 의 문제에 대해 사사건건 태클을 거는 해밀턴을 눈엣가시로 여겼다. 해밀턴과 에런 버는 정적으로 평소에 서로를 거칠게 밀어 붙였으며 거친 말도 서슴지 않았다.

그러던 중 해밀턴은 이해관계를 떠나 정적인 제퍼슨이 대통령이 되는 데 결정적인 힘이 되어 주었다. 그런데 이 과정에서 제퍼슨의 경쟁자였던 에런 버가 대통령 선거에서 밀려나자 평소에 눈엣가시였던 해밀턴을 더욱 증오하게 되었다. 그런데다가 해밀턴이 자신을 향해 '비열한 선동가'라고 비난을 하자 더 이상 참지 못하고 에런 버는 그에게 결투를 신청했다. 둘은 주위의 만류에도 불구하고 대결을 벌였다. 사실 해밀턴은 결투로 아들을 잃은 적이 있어 결투를 할 마음이 없었다. 하지만 명예를 훼손함은 물론 겁쟁이라고 놀릴 에런 버의 비난이 두려워 마지못해 결투에 응했던 것이다. 둘 사이의 대결에서 에런 버가 쏜 총에 맞아 해밀턴은 세상을 떠나고 말았다.

해밀턴은 미국 국민들에게 존경받는 인물로 기억되고 있는 뛰어난 천재성과 불도저와 같은 강한 추진력을 지닌 혁신적인 인물이다. 하지만 정적에 대한 지나친 경쟁과 비난으로 인해 아까운 목숨을 잃고 말았다.

해밀턴과 제퍼슨의 경우는 서로 비난은 했지만 냉정을 잃지 않았다. 그런 까닭에 혹시 있을지도 모를 불행을 막을 수 있었다. 그러나 에런 버와는 비난을 멈추지 않았기에 불행한 종말을 맞았던 것이다.

해밀턴과 에런 버의 경우에서 보듯 비난은 그 어떤 경우라도 부정적인 결과를 낳는다. 비난을 하는 사람이 더 나쁜 인식을 심어주는 것은 비난은 그 자체가 부정적이기 때문이다. 그가 에런 버와의 대결에서 목숨을 잃었을 때의 나이는 48세였다. 한창 살 수 있는 나이였는데 비난이 죽음을 자초한 것이다.

아무리 현자라 해도 비난에서 자유로울 수 없다.

비난은 상대의 인격을 깎아내림은 물론 그 사람을 모독하는 행위이다.

그러니 보통 사람들이야 오죽할까. 이렇듯 비난은 스스로를 무너지게 하는 인생의 걸림돌이다.

그 걸림돌에 채여 넘어지는 순간, 그 사람의 인생도 끝나게 될 수 있음을 유념해야 할 것이다.

39

말의 제어장치가
고장 난 막말의 대명사

도시 주둔 군인수를 30만 명으로 늘릴 것을 검토하고 있다.
그러나 이탈리아 여성들이 너무 예뻐서 군인을 동원해도
성범죄를 100% 예방하는 것은 불가능하다.

실비오 베를루스코니

아무리 재산이 많고, 지위가 높다 하더라도 함부로 말하는 사람은 품격이 떨어진다. 마치 겉만 그럴듯한 포장지로 포장한 싸구려 물건처럼 여겨진다. 그런 사람을 존중하고 가까이하고 싶어 하는 사람은 대개는 같은 부류의 사람이거나 제정신이 아닌 사람들일 뿐 대개는 천박하게 여겨 경멸하고 비판의 화살을 쏘아댄다. 생각해 보라. 그런 사람을 어떻게 이해하고 받아들일 수 있는지를.

자기가 하고 싶은 대로 함부로 말하는 사람들은 말의 제어장치가 없거나 고장 난 막말의 말꾼들이다.

이탈리아의 총리를 3번이나 지낸 실비오 베를루스코니. 그는 일국의 총리를 지냈지만 입이 가볍고 언제나 생각 없이 하고 싶은 말을 함으로써 자국은 물론 세계 언론으로부터 지탄을 받았다. 그의 입은 마치 제어장치가 고장 난 자동차와 같다. 그가 한 말에 대해 살펴보는 것도 충분히 타산지석이 되리라 생각되어 살펴보기로 하겠다.

그는 이탈리아의 ANSA 방송과 가진 인터뷰에서 성범죄 급증에 대한 대응책에 대해 이렇게 말했다.

"도시 주둔 군인수를 30만 명으로 늘릴 것을 검토하고 있다. 그러나 이탈리아 여성들이 너무 예뻐서 군인을 동원해도 성범죄를 100% 예방하는 것은 불가능하다."

베를루스코니의 말에 야당은 여성에 대한 모독이라며 강력하게 비난을 퍼부었다. 총리의 답변치고는 매우 저급하고 상식 이하의 말이 아닐 수 없다. 베를루스코니는 스페인 정부가 남성 장관 8명, 여성 장관 9명으로 구성된 것에 대해 "장미가 너무 많아서 관리하기가 힘들 것"이라고 말해 여성 모독으로 비난을 받았다. 또한 그는 미국의 버락 오바마에 대해 이렇게 말했다.

"젊고 잘생기고 제대로 선탠한 지도자다."

한 나라의 지도자, 그것도 세계 최강대국인 미국 대통령을 향해 인종 차별적인 발언을 한다는 것은 제대로 정신이 박힌 사람의 말로는 도저히 이해가 가지 않는다. 그로 인해 이탈리아 언론은 물론 세계의 언론으로부터 대대적으로 비난받았다.

베를루스코니는 자신의 둘째 부인인 베로니카 라리오와의 이혼에 따른 위자료로 연간 3,600만 유로(한화 약 500억 원)을 지급하라고 판결하자 비난을 퍼부으며 이렇게 말했다.

"기존 미지급금 7,200만 유로와 함께 이혼 합의금이 연간 3,600만 유로에 달한다. 이는 라리오에게 매일 20만 유로를 지급하라는 의미이다. 이번에 판결한 세 명의 여성 판사들은 페미니스트이자 공산주의자들이며 1994년부터 나를 못살게 굴었던 판사들이다."

베를루스코니의 말을 들은 많은 사람은 말 같지 않은 그의 말에 손가락질을 하며 비판하기를 멈추지 않았다.

입만 열었다 하면 구설수에 오르고 비난의 대상이 되는 그의 말처럼 그의 행동 또한 상상을 초월한다. 문란한 행동을 자랑삼아 얘기하는가 하면 그것을 자신의 능력이라고 말해 원색적인 비난을 사기도 했다.

한마디로 말해 그는 제어장치가 고장 난 자동차와 같아 하는 말마다 사람들에게 빈축을 사고 조롱거리가 되었다. 그는 비록 총리를 지내고 천문학적인 돈을 가진 부자지만, 한 사람의 인간으로 볼 땐 저급한 인격을 가진 천박한 존재일 뿐이다.

말을 함부로 한다는 것은 "나는 인간성이 돼먹지 않은 사람입니다. 나는 비난 받아 마땅한 사람이라는 걸 잘 압니다"라고 자인하는 것과 같다.

그렇다. 한마디의 말도 신중히 가려서 해야 한다. 그러지 않는다면 스스로 한 말의 그물에 걸려 빠져나오지 못함으로써 인생을 망치게 될 것이다.

마음에 새기면 좋을 인생 포인트

함부로 하는 말은 비난의 화살이 되어 돌아온다.
화살은 육신의 상처를 입히지만 비난의 화살은 마음의 상처를 입힌다.
육체의 상처는 치료를 하면 회복되지만, 마음의 상처는 자신이 고치지 않으면 회복이 불가능하다.
함부로 하는 말은 자신을 죽이는 독화살과 같다.

40

자신의 재능을 과신하여
남을 비방하다 목숨을 잃다

참으로 명청한 사람이군.
그런 것 하나 제대로 처리 못 하다니.
그래 갖고 나라의 녹을 먹는 꼴이란.

마커스 시세로

재능이 뛰어난 사람 중에는 인품 또한 고결하여 만인으로부터 존경과 찬사를 받는 이들이 있다. 조선 시대 영남학파의 종조이자 훈구세력에 맞선 사림의 거두였던 김종직은 학행일치學行一致를 철저하게 지킨 것으로 유명하다. 그의 고결한 성품을 존경하던 김굉필, 정창손, 김일손을 비롯한 수많은 선비들이 그의 문하에서 가르침을 받고 조정에 출사했다. 조선 중기의 조광조와 이이, 이황 또한 영남학파의 후학들이었으며 그 이후 이름을 떨친 이들은 대개가 김종직의 학풍에 뿌리를 두고 이어 간 것은 그의 학식과 인품을 잘 말해준다.

그러나 재능은 뛰어났지만 인품이 미치지 못해 사람들로부터 원성을 삼은 물론 지나친 언행으로 인해 인생을 망친 이들이 많다. 특히 이런 부류의 사람들은 자화자찬은 기본이며, 남을 비방하는 일에 천부적인 자질을 지녔다. 재능을 따르지 못하는 인품은 거추장스런 옷과 같다.

로마제국의 철학자이자 일급 웅변가인 마커스 시세로는 유창한 말솜씨와 뛰어난 웅변술로 로마 최초로 국부라는 칭호와 함께 집정관에 올랐다. 그는 천부적으로 말재주를 타고났다. 자신의 명성이 날로 높아지자 그는 유명한 배우들을 찾아다니며 목소리, 몸짓, 손짓 등을 배웠다. 그러자 그의 웅변술은 더욱 돋보였다. 말과 몸짓이 사람들에게 미치는 영향은 상당했다. 웅변이 평면적이라면 웅변과 몸동작은 입체적이었던 것이다. 이렇게 되자 고대 그리스에서 가장 뛰어나다는 평가를 받는 웅변가 데모스테네스와 쌍벽을 이룰 만큼 그의 인기는 대단했다.

또한 마커스 시세로는 기억력이 뛰어나 한번 본 사람의 이름은 정확하게 기억했으며, 자신이 간 곳의 장소라던가 한번 읽은 것은 또렷이 기억함으로써 사람들을 놀라게 했다. 뛰어난 기억력은 그가 학문을 깊이 있게 배우는 데도 크게 작용했다.

그러나 그는 뛰어난 웅변술과 기억력만큼의 인품을 갖추지 못했다. 때론 말을 가볍게 불쑥 던지는 통에 주변 사람들이 놀랄 때도 있었다. 뿐만 아니라 자신과 마음에 맞지 않거나 거스르면

"참으로 멍청한 사람이군. 그런 것 하나 제대로 처리 못 하다니. 그래 갖고 나라의 녹을 먹는 꼴이란"이라며 험담을 일삼고 비방하여 눈살을 찌푸리게 하기도 했다.

말도 자꾸만 하면 늘듯 험담도 비방도 하면 할수록 늘어만 갔다. 이는 습관화가 되었고 그와 경쟁 관계에 있던 사람들은 그를 경계했다.

만년에 마커스 시세로는 로마의 초대 황제가 된 옥타비아누스와 힘을 합쳐 또다시 권좌에 오르려고 획책했다. 하지만 그의 가벼운 입과 남을 비방하는 것을 못마땅하게 여긴 옥타비아누스는 삼두정치 체제를 이루자 로마의 카이에타에서 그를 참형에 처했다.

"단지 하나에 들어간 한 개의 동전은 시끄럽게 소리를 내지만 동전이 가득한 단지는 조용하다."

이는 《탈무드》에 나오는 말로 진중하지 못하고 가벼운 사람, 인품이 갖춰지지 않은 속이 덜 찬 사람을 경계하여 일컫는 말이다. 입이 가벼우면 말이 많고, 인품 또한 방정하지 못하다. 남의 얘기하기를 좋아하며 비방하는 것을 즐겨한다. 이런 부류의 사람은 경계의 대상이 되고, 함께하지 않으려고 한다. 함께해 봐야 자신에게 악영향을 끼치기 때문이다.

그렇다. 말은 진중하게 하되 행동은 바르고 진실되게 해야 한다. 그래야 뒤탈이 없고 사람들로부터 존경을 받게 된다.

언행이 진중하고 반듯하면 실수가 따르지 않는다.
하지만 언행이 가벼우면 실수가 따르게 된다.
가벼운 언행은 사람들에게 믿음을 주지 못한다.
그래서 이런 사람은 항상 위태위태하다.
남에게 믿음과 신뢰를 주기 위해서는 언행은 진중하게 하되 타인을
비방하는 것은 삼가야 한다.

"

세 치 혀로 위세를 부리다
그 혀에 눌려 인생을 끝내다

"